Elisabeth Fischer

TOFU, MISO, TEMPEH

Soja neu entdecken und genießen mit 100 Lieblingsrezepten

Elisabeth Fischer

Tofu, Miso, Tempeh

Soja neu entdecken und genießen mit 100 Lieblingsrezepten

Herausgegeben von smarticular.net
Das Ideenportal für ein einfaches und nachhaltiges Leben

1. Auflage, Druck 2405

smarticular Verlag, 2022

Happy Minimalist GmbH

Marktplatz 4, 85567 Grafing bei München

Autorin: Elisabeth Fischer in Zusammenarbeit mit Angela Mörixbauer, 2022

Covergestaltung: Melanie Hoffart

Bildredaktion: Melanie Hoffart, Annette Frenzel, Stefan Schubert

Druck: DRUCKZONE GmbH & Co. KG, Cottbus

ISBN 978-3-910801-12-7

ISBN E-Book 978-3-946658-77-1

RECYCLED
Papier aus Recyclingmaterial
FSC® C009315

Haftungsausschluss

Alle Rezepte und Tipps in diesem Buch wurden nach bestem Wissen erstellt. Die Anwendungen und Rezepte in diesem Buch bieten keinen Ersatz für eine therapeutische oder medizinische Behandlung. Im Zweifelsfall sollte ein Arzt zu Rate gezogen werden. Es wird keine Haftung für die beschriebenen Wirkweisen der Inhaltsstoffe oder Rezepturen übernommen. Des Weiteren wird keine Haftung übernommen für fehlerhafte Zubereitung und Anwendung, auch nicht für Gesundheitsschäden durch unsachgemäße Handhabung.

Bildverzeichnis

Alle Bilder smarticular.net außer: Dominik Stixenberger 41; Ulrike Skofitsch-fotografiks 10, U4; Universität für Bodenkultur Wien 31; weinfranz 14, 24; Shutterstock.com: Alchemist from India 27ul; Alf Ribeiro 23; AmyLv U4 Bohnen; Andrey_Popov 40; ArtCookStudio 52; bonchan 48; Evgeny Atamanenko 39; fizkes 36; Fotokostic 42; HandmadePictures 55; Hans-Juergen Luntzer 29; Iryna Inshyna 37; jazz3311 47; kai keisuke 53o; Kei Shooting 45o; Kelly Marken 27ur; KHON SUPAN 43; koosen 49; Louella938 54o; Mirek Kijewski 35; Murilo Mazzo 30; myboys.me 20; nadianb U1, U4 Hintergrund; Nataly Studio 44; New Africa 19; Peter Hermes Furian 45u; PR Image Factory 17; S.O.E 32; Soru Epotok 25; Tanya Yatsenko 38; Nungning20 18; unpict 51o; xpixel 54u; ykokamoto 50; yuda chen 53u; zcw 51u; zoyas2222 26

Inhalt

Wie bei Oma 187

Pasta 211

Süßes 233

Ein herzliches Dankeschön an 266

Rezept- & Stichwortverzeichnis 267

Liebe Leserinnen und Leser,

manchmal hilft ein Blick in die Geschichte, um festzustellen, dass im Lauf der Zeit immer wieder neue Lebensmittel in Europa aufgetaucht und zu unverzichtbaren Zutaten und beliebten Leibspeisen geworden sind. So betrachtet könnte man sagen: Sojabohnen sind die neuen Kartoffeln! Auch diese wurden anfangs misstrauisch beäugt und oft heftig abgelehnt. 1746 erließ Friedrich der Große sogar einen „Kartoffelbefehl", um den tollen Knollen zum Durchbruch zu verhelfen. Heute zählen wir sie zu den Grundnahrungsmitteln und Kartoffelsalat, Kartoffelknödel oder Kartoffelsuppen finden sich auf jeder traditionellen mitteleuropäischen Speisekarte.

Mit diesem Buch möchte ich dazu beitragen, dass auch mit Sojaprodukten ganz selbstverständlich bewährte Leibspeisen zubereitet werden, von pikant bis süß. Und da Genuss grenzenlos ist und wir Appetit auf kulinarische Entdeckungsreisen haben, wird auch über den Tellerrand geblickt, mit feurigen Einflüssen aus der mexikanischen Küche, knackigen asiatischen Klassikern und neu interpretierten Pastagerichten.

Die Sojabohne polarisiert, im Netz wird mitunter heftig über Umwelt- und Gesundheitsaspekte, aber auch über das kulinarische Potential der kleinen gelben Bohne diskutiert. Darum habe ich für dieses Buch eine Ernährungswissenschaftlerin und einen Pflanzenzuchtexperten interviewt und ihnen häufig auftauchende Fragen gestellt. Auf den Vorwurf „Tofu schmeckt fad" kann ich nur antworten „Das ist auch gut so!" Denn so kann sich der neutrale Tofu mit allen Gewürzen und Geschmäckern dieser Welt verbinden, kann knusprig gebraten, zu Mayo gemixt, für Sugo zerbröselt oder zu Kuchen verbacken werden. Wie Mehl, Eier oder Kartoffeln, ist Tofu ein vielseitig einsetzbares Lebensmittel. Und niemand würde auf die Idee kommen, sich über den faden Geschmack von Mehl, Eiern oder Kartoffeln im Rohzustand zu beklagen.

Im Übrigen, das beste Argument für die neuen Leibgerichte ist die Verkostung – diese Erfahrung mache ich immer wieder bei Einladungen und Veranstaltungen, auf denen ich von der kleinen Runde bis zu mehreren hundert Gäste bekoche.

In diesem Sinne wünsche ich viel Freude beim Entdecken und Kochen und guten Appetit

Elisabeth Fischer

www.elisabeth-fischer.com

Liebe vor dem ersten Biss – der Tofu und ich

Tofu habe ich vor 45 Jahren kennengelernt, anschaulich beschrieben in einem Zeitungsartikel. Dort wurde nicht nur die kulinarische Bedeutung von Tofu für die asiatische Küche geschildert, sondern auch seine gesundheitlichen Vorzüge und sein Potenzial, viele Menschen kostengünstig mit wertvollem Eiweiß zu versorgen. Ich war fasziniert von diesem einzigartigen Lebensmittel aus dem Fernen Osten und machte mich auf die Suche danach. Damals lebte ich in München, arbeitete nach einem Soziologiestudium als Fotografin und kochte fast täglich mehrgängige vegetarische Menüs für meine Freunde.

Ein Abendessen mit Folgen

Gefunden habe ich den Tofu damals nicht. Aber manchmal muss man sich nicht anstrengen, und das so dringend Gesuchte kommt ganz von allein daher – und findet sich gleich gegenüber in der Nachbarwohnung. Dort war ein amerikanisches Ehepaar eingezogen. Die beiden wollten im Haus ein vegetarisches Restaurant eröffnen und luden uns zum Abendessen ein. Serviert wurde frischer Tofu, hausgemacht, klassisch mit Sojasoße, Ingwer und Frühlingszwiebeln – ich war hingerissen, konnte aber nicht ahnen, dass dieses Essen mein Leben ändern würde.

LE CREUSET

Meine Nachbarn eröffneten das vegetarische Restaurant Keyno in München, und 1983 wurde ich dort Köchin und Teilhaberin. Zweimal in der Woche produzierten wir Tofu, denn obwohl bis dahin völlig unbekannt, kamen Tofuburger, Tofudressings und Wokgerichte mit mariniertem Tofu bei unseren Gästen gut an. Beliebt war auch die Misosuppe, ganz traditionell mit Tofu Natur und Wakame-Alge.

Tofu war nicht das einzige Sojaprodukt, das wir in unserer recht kleinen Küche herstellten. Wir begannen auch zu fermentieren und produzierten würziges, schnittfestes Tempeh. Mit Erfolg – unsere Tempehchips avancierten zur beliebten Vorspeise, ganz besonders bei Kindern.

Mit der Zeit wurde Tofu unaufhaltsam bekannt, und wir konnten fertigen Tofu in guter Qualität aus biologischen Sojabohnen kaufen. Denn die Tofuherstellung ist zwar einfach, kostet aber Zeit – und die fehlt meist in einer Restaurantküche. Unser eigenes Tempeh jedoch reifte weiterhin in einem zum Wärmeschrank umgebauten Kühlschrank.

Genuss mit langfristiger Wirkung

Tofu, Tempeh, Miso, Sojamilch und Sojajoghurt sind seit dieser Zeit fester Bestandteil meines Essens. Warum ich diese persönliche Geschichte erzähle? Weil mir bei der Arbeit an diesem Buch bewusst geworden ist, dass ich ein Beispiel dafür bin, wie eine vollwertige, vegetarische und vegane Ernährung, bei der auch häufig Sojaprodukte auf den Tisch kommen, langfristig zu guter Gesundheit beitragen kann. Seit Jahrzehnten fühle ich mich wohl in meiner Haut, habe nur ganz selten eine Erkältung und bin sehr froh, dass ich ansonsten fit und munter bin. Über mein Gewicht mache ich mir keine Gedanken. Mein kariertes Lieblingssakko, das ich 1980 in Florenz gekauft habe, passt mir immer noch, obwohl ich gerne üppige Portionen genieße. Dank der Nährwertzusammensetzung meiner Rezepte wird das aber nicht zum Problem. Im Gegenteil, ich kann mich satt essen und habe danach ein gutes Bauchgefühl.

BASIS-

WISSEN

Die Sojabohne, Nummer 1 bei den Nährstoffen

Tofu, Miso, Tempeh, Sojamilch, Sojajoghurt und Natto sind ideale Zutaten für ein gesundes Essen, in dem pflanzliche Lebensmittel die Hauptrolle spielen. Zu verdanken ist dies der einzigartigen Nährstoffzusammensetzung der unscheinbaren Sojabohne. Sie hat den höchsten Proteingehalt aller Eiweißpflanzen. Das kleine Kraftpaket versorgt uns auch mit gutem Fett, wertvollen Mineralstoffen, Vitaminen, Isoflavonen und Spermidin.

Eiweiß in Topqualität

Wir brauchen Eiweiß zum Aufbau jeder einzelnen Zelle, für den Aufbau von Muskeln, Haut, Bindegewebe und Organen. Aus Eiweißstoffen werden Hormone und Enzyme gebildet sowie die für ein starkes Immunsystem notwendigen Antikörper. Proteine dienen auch als Transportmittel, z. B. für das Eisen im Blut und für Vitamine, die sie bis in die kleinste Zelle verfrachten. Das sind alles gute Gründe dafür, warum Eiweiß auch als Baustoff des Lebens bezeichnet wird.

Aber wie kommt das Eiweiß aus dem Tofuburger in die Muskeln? Bei der Verdauung wird das Eiweiß aus dem Essen aufgespalten und in körpereigene Eiweißstoffe umgebaut. Je nachdem, wie das Nahrungseiweiß zusammengesetzt ist, kann daraus mehr oder weniger körpereigenes Eiweiß gebildet werden. Die Maßeinheit dafür bezeichnet man als biologische Wertigkeit.

Das Sojaeiweiß hat die höchste biologische Wertigkeit aller pflanzlichen Proteine. Es ist gut verdaulich und enthält alle essenziellen Aminosäuren (Eiweißbausteine), die wir brauchen, um körpereigenes Eiweiß zu bilden. Das Eiweiß der Sojabohnen hat einen Aminosäurewert, der dem von Fleisch- und Milchprodukten entspricht. Soja bietet jedoch einen großen Vorteil: Im Gegensatz zu Fleisch- und Milchprodukten enthält diese Bohne kein Cholesterin, sondern gute Fette, die der Gesundheit förderlich sind.

Sojaprodukte – eiweißreich, mit mehrfach ungesättigten Fettsäuren, Ballaststoffen und cholesterinfrei

Produkt	10 g Eiweiß (gerundet) sind enthalten in	pro 100 g Kcal	Pro 100 Eiweiß g	pro 100g Fett gesamt g	pro 100 g davon MUFS g	pro 100 g Kohlenhydrate verwertbar g	pro 100 g Kohlenhydrate Ballaststoffe g	pro 100 g Cholesterin mg
Sojabohnen getrocknet, roh	30 g	367	33,7	18,1	10,4	6,2	22	0
Texturat trocken, bio	20 g	356	50	7,5	5,9	6,2	7,8	0
Tofu fest	75 g	122	13	6,7	5,8	0	0,7	0
Seidentofu	190 g	48	5,3	2,1	1,6	0	2	0
Sojamehl vollfett	25 g	398	40,8	20,6	12,1	3,1	18,5	0
Tempeh	50 g	165	19	7,7	4	1,8	6,5	0
Miso	45 g	208	22,4	6,6	5,5	11,1	10,5	0
Natto	55 g	205	17,7	11	6,7	1,8	15	0
Edamame	85 g	157	12	6,3	5,4	11	4	0
Sojadrink, ungesüßt	285 g	29	3,5	0,7	0,5	1,6	1,1	0
Sojajoghurt, ungesüßt	210 g	46	4,8	2,9	2,5	0	0	0
zum Vergleich								
Kichererbsen getrocknet	50 g	309	19,8	3,4	1,5	38,3	21,4	0
Erbsen getrocknet	45 g	309	22,9	1,4	0,7	41,9	16,6	0
Linsen	40 g	339	26,1	1,9	0,9	48,3	12,1	0
Quinoa	70 g	355	14,6	7	2,9	52,8	12,3	0
Roggen	115 g	319	8,8	1,7	0,8	60,1	13,2	0
Haferflocken	75 g	373	13,2	6,7	2,5	59,5	9,7	0
Haferdrink	1700 g	43	0,6	1,1	0,5	7,5	0,7	0
Reisdrink	5000 g	53	0,2	1	0,7	10,7	0,3	0
Mandeldrink ungesüßt	1700 g	18	0,6	1,5	0,4	0,3	0,4	0

Nährwerte:

Ibrahim Elmadfa et al., Die große GU Nährwert-Kalorien-Tabelle, Neuausgabe 2022/23;

SOYAustria, Sojarei, Taifun, Arche, Iglo

MUFS: mehrfach ungesättigte Fettsäuren

Schützende Fettsäuren und kein Cholesterin

Wenn wir Fett nur als Gefahr für die schlanke Linie fürchten, vernachlässigen wir darüber, dass wir gesundes Fett brauchen: Es ist unersetzlich, um intakte Zellwände aufzubauen, ist Bestandteil von Hormonen und die Trägersubstanz für die lebenswichtigen Vitamine A, D, E und K. Das in der Sojabohne enthaltene Fett besteht zu 20 Prozent aus der einfach ungesättigten Ölsäure. Einfach ungesättigte Fettsäuren halten die Gefäßwände glatt, so können sich keine Verkalkungen festsetzen. Das Fett der Sojabohne besteht zu über 50 Prozent aus den mehrfach ungesättigten Omega-6-Fettsäuren (z. B. Linolsäure) und Omega-3-Fettsäuren (z. B. Alpha-Linolensäure). Sie schützen z. B. vor Infekten und sorgen für eine normale Funktion der Blutgerinnung. Da sie vom Menschen nicht selbst gebildet werden können, ist ihre Zufuhr lebensnotwendig. Das Fett der Sojabohne enthält erfreulicherweise kein Cholesterin und erhöht darum auch nicht den Cholesterinspiegel. Dafür enthält es aber Lecithin, was sich positiv auf die Blutfette auswirkt und die Gehirnleistung stärkt.

Sojabohnen nicht roh essen! – Sojabohnen müssen, wie alle anderen Hülsenfrüchte auch, vor dem Verzehr erhitzt werden. Sojabohnen, aber auch z. B. Linsen und Kichererbsen, enthalten Proteaseinhibitoren, z. B. Trypsin. Diese Stoffe hemmen die Verdauung von Eiweiß. Durch Erhitzen werden sie jedoch deaktiviert. Für Sojamilch, die man auch für die Herstellung von Tofu und Sojajoghurt verwendet, werden die zermahlenen Sojabohnen gekocht, für Tempeh, Miso, Natto und Sojasoße hingegen die ganzen Bohnen. Wer Sojabohnen zu Sojasprossen keimen lässt, muss auch diese vor dem Verzehr erhitzen.

Lebensnotwendige Vitamine und Mineralstoffe

Sojabohnen sind reich an Folsäure, Vitamin E, B1 und B6. Auch zur Versorgung mit den Mineralstoffen Kalium und Magnesium trägt die Superbohne bei. Ihr Gehalt an Kalzium ist allerdings gering, darum wird Sojamilch häufig mit Kalzium (z. B. aus Meeresalgen) angereichert. Eine gute Nachricht für alle, die sich vegan oder vegetarisch ernähren: Sojabohnen und damit auch Sojaprodukte liefern viel Eisen. 100 Gramm Tofu enthält mit 2,8 Gramm Eisen mehr von diesem blutbildenden Stoff als Rindfleisch. Damit das pflanzliche Eisen vom Organismus gut aufgenommen werden kann, sollten Sojaprodukte mit Vitamin-C-reichen Lebensmitteln kombiniert werden, z. B. zum Tofuburger ein Glas Orangensaft trinken oder zu den Tempehchips rote Paprika knabbern.

Kohlenhydrate machen munter und schlau

Kohlenhydrate sollte man nicht in Bausch und Bogen verdammen, sondern unserem Wohlbefinden zuliebe unterscheiden in „gute“ und „böse“ Kohlenhydrate. Die bösen Kohlenhydrate, vor denen wir uns zu Recht fürchten, stecken in zuckersüßen Speisen, Weißmehlprodukten, Softdrinks, in Fast Food und Essen vom Fließband. Sie werden schnell verdaut, führen zu starken Schwankungen des Blutzuckerspiegels und damit zur erhöhten Ausschüttung von Insulin, dem Hormon, das für den Fetteinbau zuständig ist. Im Gegensatz dazu werden die guten, komplexen Kohlenhydrate aus Sojabohnen langsam, Schritt für Schritt, in Einfachzucker umgewandelt. Das hält den Blutzuckerspiegel konstant und versorgt uns über einen längeren Zeitraum mit einem gleichmäßigen Energiestrom. Darüber freut sich auch das Gehirn, unsere große Schaltzentrale. Denn unser Gehirn verbraucht ca. 20 Prozent der Energie, die wir zu uns nehmen, und die Gehirnzellen können sich ausschließlich vom Einfachzucker Glukose ernähren. Sojabohnen sind dazu eine ausgezeichnete Quelle für unverdauliche Kohlenhydrate, die wir unter dem Namen Ballaststoffe kennen. Sie fördern das Sättigungsgefühl, wirken positiv auf den Cholesterinspiegel, binden Schadstoffe im Darm, fördern die Verdauung und eine gesunde Darmflora. Wer Tempeh, Miso und Natto verspeist, profitiert ganz besonders von der gesundheitsfördernden Wirkung der Ballaststoffe, denn diese fermentierten Sojaprodukte werden aus ganzen Sojabohnen hergestellt.

Isoflavone – der natürliche Jungbrunnen

In der kleinen Sojabohne steckt ein besonderer Schatz: Isoflavone. Sie sind Phytoöstrogene und gehören zu den sekundären Pflanzenstoffen. Chemisch betrachtet, sind Isoflavone jedoch keine Östrogene (weibliche Sexualhormone). Sie sind nur ähnlich aufgebaut wie diese.

Isoflavone machen sich gleich mehrfach für unsere Gesundheit stark: Sie mildern Hitzewallungen in den Wechseljahren, senken vor allem bei Frauen das Risiko für Osteoporose und erhöhen die Knochendichte. Isoflavone schützen unser unermüdlich arbeitendes Herz. Sie beugen Herz-Kreislauf-Krankheiten vor und verringern den Blutdruck. Umfangreiche Studien belegen auch: Isoflavone schützen vor Brustkrebs.

Nicht nur die Gesundheit, auch das Aussehen gewinnt durch den Konsum isoflavonreicher Sojaprodukte. Die Haut kann besser Feuchtigkeit einlagern, das vermindert die Faltenbildung. Wer mit natürlichen Isoflavonen die Gesundheit fördern und dabei gut aussehen will, sollte regelmäßig gering verarbeitete Sojaprodukte essen. In Asien, wo Hitzewallungen in den Wechseljahren weitgehend unbekannt sind, verzehren die Menschen im Schnitt zwei bis drei Portionen Sojaprodukte täglich. Eine Portion sind z. B. 250 Milliliter Sojamilch, 150 Gramm Sojajoghurt, 20 Gramm Knabbersoja, 100 Gramm Tofu oder 50 Gramm Tempeh. Das schaffen wir auch und müssen dafür nicht einmal kochen: Kaffee Latte oder Kakao mit Sojadrink, fruchtige Smoothies und Müsli mit Sojajoghurt, Knabbersoja statt Kartoffelchips.

Welche Sojaprodukte sind reich an Isoflavonen und Spermidin? – „Die reife Sojabohne hat sowohl einen hohen Gehalt an Spermidin als auch an Isoflavonen. Für Tempeh, Miso und Natto werden die ganzen Sojabohnen verarbeitet, darum sind sie besonders gute Quellen für diese bioaktiven Wirkstoffe. Tempeh, Miso und Natto entstehen durch Fermentation, und es gibt Hinweise darauf, dass dadurch der Spermidingehalt erhöht wird. Auch mit geröstetem Knabbersoja und grünen Edamame verspeist man die ganze Bohne. Werden Sojadrink, Tofu und Sojajoghurt traditionell aus ungeschälten Bohnen hergestellt, haben auch sie einen guten Gehalt an Isoflavonen und Spermidin. Werden hingegen geschälte Bohnen verwendet, so haben z. B. Sojadrinks und Sojamehle einen geringeren Gehalt davon. Denn wir haben festgestellt, dass mit der Schale auch der Keim, in dem Isoflavone und Spermidin konzentriert vorkommen, entfernt werden", erklärt Dr. Johann Vollmann.

Spermidin für gesundes Altern

Sojabohnen sind eine gute Quelle für Spermidin. Erst vor wenigen Jahren wurde festgestellt, wie wichtig dieser starke Stoff für die Zellgesundheit ist. In jeder Zelle unseres Körpers ist Spermidin enthalten, ein Wirkstoff aus der Familie der Polyamine. Diese sind für Wachstum und Überleben der Zellen erforderlich. Spermidin wird sowohl vom Körper selbst produziert als auch mit dem Essen aufgenommen, z. B. mit Sojaprodukten, Pilzen, Nüssen oder Getreide.

Experimentelle und Beobachtungsstudien[1] kamen zu dem Ergebnis, dass Spermidin den Selbstreinigungsprozess der Zelle, die sogenannte Autophagie, einschalten kann. „Das führt dazu, dass Zellen nicht absterben, sondern dass Zellmüll entsorgt wird, z. B. durch UV-Strahlung beschädigte Proteine, die in der Zelle keine Funktion mehr haben", erklärt Dr. Vollmann von der Universität für Bodenkultur in Wien. Auch unsere Gehirnzellen werden durch diesen Selbstreinigungsprozess geschützt und fit gehalten.

Mit zunehmendem Alter nimmt allerdings die Fähigkeit des Organismus ab, Spermidin selbst zu produzieren, und das schwächt die körpereigene Müllentsorgung. Folglich kommt es zu Ablagerungen und Entzündungen in den Zellen. Diese können das Risiko für Demenz, Krebs, Herzkreislaufkrankheiten und Diabetes erhöhen.

Gesund alt zu werden, ist das große Ziel. Beobachtungsstudien an größeren Bevölkerungsgruppen weisen darauf hin, dass spermidinreiches Essen die Zellen dazu anregt, Selbstreinigungsprozesse zu starten, und so vor vorzeitiger Alterung und Demenzerkrankungen schützt, das Denkvermögen und die Gedächtnisleistung stärkt und für guten Schlaf sorgt.

1 Frank Mateo et al. (2018): „Spermidin in health and disease." Science, 2018, 2018 Jan 26; 359(6374): eaan2788.

Natürliche pflanzliche Lebensmittel wirken gemeinsam besser – Sojaprodukte haben einen herausragenden Nährstoffgehalt. Trotzdem gehören zu einer gesunden Ernährung noch weitere natürliche Zutaten. Wer weniger oder keine tierischen Produkte isst, dafür mehr Sojaprodukte auf den Speiseplan setzt, aber ansonsten einseitige Essgewohnheiten beibehält, verpasst die gesundheitlichen Vorteile einer vollwertigen Ernährung.

Die richtige Mischung: aus dem Vollen schöpfen – Natürliche pflanzliche Lebensmittel sind die Hauptzutaten für ein gesundes Essen, und dazu gehören auch täglich üppige Portionen an frischem Gemüse, Kräutern und Früchten, roh oder schonend zubereitet. Diesbezüglich können wir von der asiatischen und der Mittelmeerküche lernen, und für meine Rezepte lasse mich immer wieder von diesen großen Kochkulturen inspirieren.

Neben Hülsenfrüchten spielen Getreide und Getreideprodukte eine Hauptrolle beim gesunden Essen, am besten aus dem ganzen Korn. Dabei sollte man jedoch locker bleiben: Wer regelmäßig Vollkornbrot verzehrt, kann sich zwischendurch den Kuchen aus Weißmehl schmecken lassen. Ich zumindest handhabe das so. Womit wir bei den süßen Speisen angekommen sind: Zucker? Weniger ist mehr! Was aber keinen Verzicht bedeutet, wenn reichlich süße Früchte zu Kuchen und Desserts verarbeitet werden und Vanille, Zimt und Kardamom den natürlichen Süßgeschmack verstärken.

Öl, Nüsse, Samen und die daraus hergestellten Muse sind für die gesunden Fette zuständig. Öl zum Kochen empfehle ich, bewusst zu dosieren und hochwertige, für Salate auch kalt gepresste Öle zu verwenden.

Frisch gekocht statt vom Fließband. Weil auf einem stark verarbeiteten Lebensmittel „vegan" steht, ist es nicht automatisch der Gesundheit förderlich, sondern kann trotzdem zu viel Fett und Zucker enthalten. Zudem kommen neue Untersuchungen zu dem Ergebnis, dass der regelmäßige Konsum von hochverarbeiteten Lebensmitteln allgemein das Risiko erhöht, an Demenz zu erkranken. Wer also einen klaren Kopf bewahren will, kocht besser frisch und mit natürlichen Zutaten.[2]

Auf den eigenen Bauch hören. Wie diese Empfehlungen im Essalltag umgesetzt werden, ist von Mensch zu Mensch verschieden. Ich z. B. esse gerne später am Abend noch einen Apfel. Für andere ist Frisches um diese Zeit nicht so gut verträglich. Darum rate ich, auch was das gesunde Essen betrifft, auf die eigenen Bedürfnisse zu hören.

2 Claudia Suemoto et al. (2022): „Consumption of ultra-processed foods and cognitive decline in the ELSA-Brasil study: a prospective study", Alzheimer's Association international Conference 2022, https://alz.confex.com/alz/2022/meetingapp.cgi/Paper/63301 (abgerufen am 22.09.2022).

Soja – Problem und Lösung zugleich

Die Sojabohne wird aufgrund ihrer herausragenden Nährstoffzusammensetzung weltweit angebaut. „Soja aus Brasilien zerstört den Regenwald, Soja aus Österreich trägt zum Umweltschutz bei" – so könnte es zugespitzt formuliert werden. Im Folgenden schauen wir uns die Fakten etwas genauer an.

Soja aus Übersee heizt die Erde auf

Verantwortlich für die Zerstörung natürlicher Ökosysteme und den immer stärker werdenden Treibhauseffekt ist der Mensch. Global agierende Konzerne exportieren Sojabohnen, die in Süd- und Nordamerika angebaut werden (2020 waren das 265 Millionen Tonnen), weltweit als Tierfutter.

Mit fatalen Folgen für die Umwelt, die wir jetzt zu spüren bekommen. Die Verantwortung dafür allein den Chefetagen der Konzerne anzulasten, greift jedoch zu kurz. Diese Millionen Tonnen Soja werden vor allem produziert, weil der Appetit auf Fleisch auch in Europa ungebremst ist. 80 Prozent des weltweit angebauten Sojas landet als Futter in den Bäuchen von Schweinen, Hühnern, Rindern und Fischen in Aquakulturen. 2021 wurden knapp 35 Millionen Tonnen Soja in die Länder der EU importiert.[3]

Die Anbauflächen für Soja und andere Monokulturen in Südamerika weiten sich jedoch immer mehr aus. Mittlerweile wurde im Cerrado in Brasilien, dem artenreichsten Savannengebiet der Erde, eine Fläche von der Größe Großbritanniens gerodet und abgebrannt. Trotzdem geht die Abholzung des Regenwaldes weiter. Rinder, die bisher ihr Futter im natürlichen Grasland des Cerrados gefunden haben, brauchen neue Weideflächen. 2020 wurden in Brasilien 121 Millionen Tonnen Soja erzeugt, nur fünf Prozent davon gentechnikfrei.[4]

3 European Commission/Directorate-General for Agriculture and Rural Development (Hg.) (2022): Oilseeds and protein crops, agriculture.ec.europa.eu/data-and-analysis/markets/overviews/balance-sheets-sector/oilseeds-and-protein-crops_en, 28.7.2022 (abgerufen am 22.09.2022).

4 Land schafft Leben e. V. (Hg.) (2022): Infografiken zu Soja, http://www.landschafftleben.at/infografiken/soja, 2022.

Kettenreaktion verstärkt den Treibhauseffekt

Kohlendioxid, das in den Bäumen und im Boden des Regenwaldes und des Cerrados gespeichert war, wird durch Rodung, Abbrennen, Trockenlegung von Sümpfen und Mooren sowie durch das jährliche Pflügen freigesetzt. Mit dem großflächigen Verschwinden von Naturlandschaften beginnt eine Kettenreaktion, durch die immer mehr CO_2 in die Atmosphäre gelangt.

Diese Landnutzungsänderungen beeinträchtigen auch den natürlichen Kohlendioxidkreislauf, der bedeutende Mengen an CO_2 wieder aus der Erdatmosphäre entfernt. Den Mechanismus, der dies bewirkt, kennen wir aus dem Biologieunterricht: die Fotosynthese. Bei dieser wird in grünen Blättern unter Einwirkung des Sonnenlichts das CO_2 aus der Atmosphäre in Sauerstoff und Glukose aufgespalten. Der Sauerstoff geht in die Luft, darum die Bezeichnung „Grüne Lunge" für die Regenwälder, und die Glukose wird in die Pflanzen eingelagert. Gibt es statt üppiger Regenwälder nur noch staubige Felder, wird die Fotosynthese, damit auch die Entfernung von CO_2 aus der Atmosphäre, auf ein Minimum reduziert.

Erderwärmung steigt weiter

Durch Landnutzungsänderungen gelangt mehr CO_2 ungebremst in die Erdatmosphäre. Diese enthält jedoch bereits hohe Konzentrationen des Treibhausgases, da sich seit Mitte des 20. Jahrhunderts der CO_2-Ausstoß durch die steigende Verbrennung von Kohle, Erdöl und Erdgas vervierfacht hat. Die wachsende Sättigung der Erdatmosphäre mit CO_2 verhindert, dass die von der Erde abgestrahlte Wärme ins Weltall entweichen kann, und die Temperaturen auf der Erde steigen.

Auch in den Weltmeeren kann CO_2 aus der Erdatmosphäre gespeichert werden. Allerdings stößt dieser Entlastungsmechanismus an seine Grenzen. Das gelöste CO_2 macht Meere sauer, erhöht die Wassertemperatur und zerstört damit die Lebensgrundlage vieler Meeresbewohner.

Die Auswirkungen der ungebremsten CO_2-Belastung von Erdatmosphäre und Meeren erleben wir bereits: Hitzewellen, schmelzende Gletscher und Polkappen, steigende Wasserspiegel der Meere, Überschwemmungen, aber auch Wasserknappheit und Dürren.

Soja ohne Reue – Anbau in Europa Interview mit Dr. Johann Vollmann

Viele wissen nicht, dass Sojabohnen seit Langem bei uns in Europa angebaut werden und gut gedeihen. Ich habe dazu ein Interview mit dem Pflanzenzuchtexperten Dr. Johann Vollmann geführt:

Darf in der EU gentechnisch verändertes Soja angebaut werden? Nein. In der EU sind gentechnisch veränderte Sojabohnen nicht zugelassen und dürfen darum auch nicht angebaut werden.

Auf welchen Flächen wird Soja in der EU angebaut? In Südamerika werden dafür Regenwälder und Savannen gerodet. In Europa finden keine Landnutzungsänderungen statt. In Europa werden Sojabohnen auf landwirtschaftlichen Flächen angebaut, auf denen sonst Weizen, Mais oder andere Feldfrüchte wachsen. Sojabohnen baut man hier in die sogenannte Fruchtfolge ein. Zuerst werden Sojabohnen angepflanzt, dann z. B. Winterweizen, Wintergerste oder noch eine andere Feldfrucht. Dann kommen wieder die Sojabohnen. Da ändert sich an der Landnutzung Ackerbau überhaupt nichts.
Wir haben allerdings ein anderes Problem: Ackerflächen werden versiegelt, um Autobahnen, Parkplätze und Gewerbegebiete zu bauen. Dadurch kann weniger Wasser in den Boden eindringen, und die Flächen heizen sich stark auf. Insgesamt stehen dann weniger Flächen für den Anbau zur Verfügung, und die Konkurrenz zwischen Soja, Weizen, Mais, Raps oder Sonnenblumen wird größer.

Ist die Sojabohne zum Anbau in Europa geeignet? Die Sojabohne eignet sich sehr gut zum Anbau in Europa. Im Nordosten von China, in der Mandschurei, wo die Sojabohne ursprünglich herkommt, herrschen ungefähr die gleichen klimatischen Bedingungen wie bei uns, im Winter ist es dort sogar noch kälter. Das sind Gegenden, die eine ähnliche geografische Breite haben wie wir. Daran kann man erkennen, dass die Sojabohne keine tropische Pflanze ist, die nur um den Äquator wachsen muss. Man kann sie gut bei uns anbauen. Das beweisen auch die Landwirte, die das hier tun.

Sojabohnen, die in Europa angebaut werden, tragen zum Umweltschutz bei – wie? Sojabohnen brauchen keinen Stickstoffdünger. Stickstoffdünger wird in einem sehr energieaufwendigen Prozess erzeugt, bei dem viel Erdgas zum Einsatz kommt und viel CO2 freigesetzt wird. Unsere Luft besteht zu 80 Prozent aus Stickstoff und zu 20 Prozent aus Sauerstoff. Beim sogenannten Haber-Bosch-Verfahren wird Stickstoff aus der Luft zu Ammoniak synthetisiert und daraus Stickstoffdünger hergestellt. Für den Anbau von Weizen, Raps oder Mais sind große Mengen an Stickstoffdünger erforderlich. Die Sojabohne hingegen kann den Stickstoff aus der Luft mit Knöllchenbakterien selbst fixieren.

Warum ist Stickstoff so wichtig für das Wachstum der Pflanzen? Stickstoff ist der Hauptnährstoff, den die Pflanzen zum Wachsen brauchen. Stickstoff ist im Pflanzenprotein enthalten, aber auch in jeder Zelle, im Zellkern, in der DNA, im Chlorophyll und in vielen anderen Komponenten. Stickstoff ist ein Grundstoff unseres Lebens. Wenn Pflanzen wenig Stickstoff zur Verfügung steht, wachsen sie langsamer und haben auch weniger Chlorophyll. Sie werden hellgelb und sehen ungesund aus. Je mehr Stickstoff die Pflanzen bekommen, um so grüner und üppiger wachsen sie. Ein zusätzlicher Effekt ist, dass sie mehr Fotosynthese durchführen können und dadurch z. B. Gemüse und Feldfrüchte höhere Erträge haben.

Pflanzen können Stickstoff nur aus dem Boden aufnehmen, z. B. aus Humus, der sich aus abgestorbenen Pflanzenresten gebildet hat. Dazu gibt es im Boden auch frei lebende Bakterien. Sie machen den Stickstoff aus der Atmosphäre biologisch nutzbar. Allerdings nicht sehr viel, nur ca. 10 bis 20 Kilogramm Stickstoff pro Hektar und Jahr. Aber da der Stickstoff so essenziell für das Wachstum ist, hat die Natur etwas Großartiges erfunden: die Symbiose zwischen Knöllchenbakterien, den sogenannten Rhizobien, und bestimmten Pflanzen.

Warum brauchen Sojapflanzen keinen Mineraldünger? In einer Symbiose profitiert jeder Partner von der Leistung des jeweils anderen. Für die Beziehung von Sojapflanze und Knöllchenbakterien bedeutet das: Die Sojapflanze füttert die Bakterien, und die Bakterien füttern die Sojapflanze. Dadurch sind dann beide effizienter.
Die Sojapflanze betreibt Fotosynthese und produziert dabei Glukose. Mit der Glukose versorgt sie auch die Knöllchenbakterien. Diese leben, wie der Name schon sagt, in den Knöllchen, die sich an den Wurzeln der Sojapflanze bilden. Die große Leistung dieser sogenannten Rhizobien: Sie können den Stickstoff aus der Luft fixieren und daraus Aminosäuren herstellen. Diese Eiweißbausteine ernähren wiederum die Sojapflanze.
Die Fähigkeit zu dieser Symbiose haben weder Weizen noch Sonnenblumen oder Mais. Unter den Feldfrüchten können das nur Sojabohnen und andere Hülsenfrüchte. Für den Anbau von Weizen muss pro Hektar und Jahr mit 100 bis 200 Kilogramm Stickstoff gedüngt werden. Im Gegensatz dazu können Sojabohnen pro Hektar und Jahr 100 bis 200 Kilogramm Stickstoff aus der Luft fixieren.

Getreide, das nach Sojabohnen angebaut wird, muss weniger gedüngt werden. Warum? Bei der Ernte nimmt der Mähdrescher nur die trockenen Samen mit. Die Wurzeln und mit ihnen die Knöllchenbakterien bleiben im Boden zurück. Auch Blätter und Stängel bleiben auf dem Feld und verrotten zu Humus. Alles miteinander mineralisiert den Boden, und das Getreide, das in der Fruchtfolge als Nächstes angebaut wird, braucht weniger Stickstoffdüngung.

Warum schützt Sojaanbau vor Bodenerosion? Wenn man im Juli oder August über Land fährt, sieht man häufig trockene Felder. Hier wurde das reife Getreide, z. B. Weizen oder Gerste, bereits abgeerntet, und der Boden ist nun der Witterung ungeschützt ausgesetzt. Bereits mäßiger Wind kann den ausgetrockneten Boden aufwirbeln, abtransportieren und zu einem Verlust von fruchtbarem Boden führen. Ackerflächen, die nicht durch eine geschlossene Vegetationsfläche geschützt werden, sind aber nicht nur von Winderosion, sondern auch von Wassererosion bedroht. Bei starken Regenfällen kann das Wasser nicht mehr in den Boden einsickern, fließt hangabwärts und spült dabei fruchtbaren Boden weg.
Sojabohnen bilden lange Zeit im Jahr eine grüne Decke. Sie halten den Boden fest und werden erst Mitte September bis Anfang Oktober geerntet. Das Wachstum der Sojabohnen im Hochsommer verhindert aber nicht nur Erosion, sondern ermöglicht auch gute Ernteerträge. Denn die Zeit mit der größten Hitze und stärksten Sonneneinstrahlung ist auch die beste Möglichkeit, um Fotosynthese zu betreiben.

Wie unterscheidet sich der biologische vom konventionellen Sojaanbau? Bei der Düngung gibt es keine Unterschiede. Sowohl im biologischen als auch im konventionellen Anbau brauchen Sojabohnen keinen Stickstoffdünger. Neben dem Hauptnährstoff Stickstoff brauchen Pflanzen auch geringere Mengen an Phosphor und Kalium. Beide Mineralstoffdünger werden aus Gestein gewonnen und können sowohl in der Bio- als auch in der konventionellen Landwirtschaft ausgebracht werden.
Unterschiede gibt es in der Unkrautbekämpfung. Im biologischen Landbau wird das Unkraut mechanisch, durch Hacken, das sogenannte Striegeln, entfernt. Beim konventionellen Landbau werden Herbizide eingesetzt, die speziell für diesen Zweck zugelassen sind. Glyphosat gehört sicher nicht dazu. Es würde die bei uns angebauten, nicht gentechnisch veränderten Sojabohnen abtöten.
Man kann jedoch beobachten, dass in Europa bei der Unkrautbekämpfung im Sojafeld die konventionellen Landwirte von den Biolandwirten lernen und immer öfter auf die mechanische Unkrautentfernung setzen. Biosojabohnen kosten mehr und werden meist zu Lebensmitteln verarbeitet, konventionell angebaute zu Futtermitteln.

Verträgt Soja steigende Temperaturen, die durch die Klimakrise ausgelöst werden? Die Sojabohne ist wärmeliebend und verträgt diese Temperaturen ganz gut. Ich habe jetzt in der größten Hitze im Juli Sojabohnen angebaut. Sie wachsen sehr schnell, wenn sie Wasser haben. Es gibt Modellrechnungen zur Klimaveränderung, die sagen, dass die Erwärmung ungefähr bis ins Jahr 2050 den Sojabohnen nichts ausmachen wird. Der Weizen reagiert jetzt schon. Weil es ihm zur Blütezeit zu heiß wird, hat er niedrigere Erträge. Die Sojabohne verträgt die Hitze besser und wird wahrscheinlich, wenn es so weitergeht wie jetzt und man diese Entwicklung nicht stoppt, erst in 30 Jahren mit Ertragsrückgängen reagieren.

Welche Funktionen haben Isoflavone und Spermidin in der Sojapflanze? Sojabohnen enthalten verschiedene gesundheitsfördernde Inhaltsstoffe. Berühmt sind die Isoflavone, und in den letzten Jahren gibt es auch neue Erkenntnisse zu Spermidin. Wir wollten wissen, wo in der Sojabohne die verschiedenen Inhaltsstoffe sitzen, und haben Untersuchungen gemacht. Dabei haben wir festgestellt, dass sich Isoflavone, Spermidin aber auch Vitamin E konzentriert im Keim finden. Die Isoflavone sind verantwortlich dafür, dass die Symbiose zwischen Sojapflanze und Bodenbakterien in Gang kommt. Wenn die Sojabohne in den Boden gesteckt wird, wächst aus dem Keim die Wurzel mit feinen Wurzelhärchen. Darin befinden sich die Isoflavone. Sie kommunizieren über chemische Signale mit den Bakterien im Boden. Die Rhizobien wandern daraufhin zu den Wurzelhärchen und werden von diesen umschlossen. Daraus bildet sich dann das Knöllchen, in dem die Rhizobien den Stickstoff fixieren.
Spermidin wiederum sichert die Keimfähigkeit der reifen Sojabohne. Reife Sojabohnen trocknen aus. Spermidin schützt dabei die Zellen im Keim, sorgt dafür, dass sie lebensfähig bleiben und wieder Wurzeln bilden können.

Gibt es verschiedene Sorten von Sojabohnen? Weltweit gibt es Tausende verschiedene Sorten von Sojabohnen. An Tiere kann jede davon verfüttert werden. Für die Lebensmittelherstellung, z.B. für Tofu, bedarf es dazu ganz spezieller Sorten mit höherem Proteingehalt und einer bestimmten Proteinzusammensetzung, damit der Tofu fest wird und einen guten Geschmack bekommt. Tofu, aber auch Sojamilch, sollten nicht bitter, sondern ein bisschen süßlich sein und eine Jasminduft-Komponente haben, aber keine adstringierenden Noten.

Für Natto werden sehr kleinkörnige Sojabohnen benötigt, weil sie im Ganzen und nur kurz fermentiert werden. Auch für Edamame, die grünen, unreif geernteten Sojabohnen, gibt es spezielle Sorten. Sie haben größere Körner mit einer ganz bestimmten Textur, was dann beim Essen ein besonderes Mundgefühl auslöst. Und sie enthalten mehr Zucker, vergleichbar den grünen Erbsen, die wir meist tiefgekühlt kennen. Es gibt auch Sojasorten, die sich besonders gut für die Ölherstellung eignen.

Wie entwickelt sich die Forschung für Lebensmittelsoja? Es gibt traditionelle Sojalebensmittel aus China, Japan und Indonesien, wie Tofu, Tempeh, Miso und Natto. Dieses Segment ist nicht sehr groß, und dazu wird weniger geforscht.

Sehr viel Forschung gibt es im Lebensmittelbereich, wo Sojabohnen nicht als Sojabohnen gegessen werden, sondern wo ihr Eiweiß für Tausende Produkte verwendet wird, z. B. für Kekse, Brot, Proteinpulver, Proteinkonzentrate. Letztere kommen dann wieder in Lebensmittel, egal ob Pizza- oder sonstige Teige, oder Sojaprotein wird als Fleischersatz verwendet. Dazu wird in Europa bereits seit den 1970er-Jahren von großen Lebensmittelkonzernen ausgiebig geforscht. Diese haben Soja als Eiweißquelle entdeckt, nicht nur, um den Proteingehalt ihrer Produkte zu erhöhen, sondern auch, um die funktionellen Eigenschaften von Sojaeiweiß zu nutzen, z. B., dass es hygroskopisch ist, also Wasser anzieht und damit z. B. verhindern kann, dass aufgeschnittenes Toastbrot schnell austrocknet.

Dr. Johann Vollmann lehrt als Dozent an der Universität für Bodenkultur Wien (Fachgebiet Pflanzenzüchtung). Er betreibt seit über 25 Jahren Züchtungsforschung an Sojabohnen. Neben der genetischen Anpassung der Sojabohne an mitteleuropäische Bedingungen stehen genetische Diversität und die Qualität der Ernteprodukte im Mittelpunkt der Forschung, wobei die Variation im Protein- und Zuckergehalt sowie gesundheitsfördernde Inhaltsstoffe und Komponenten der Lebensmittelsicherheit untersucht werden. Er ist Mitglied in wissenschaftlichen Beiräten des Vereins Soja aus Österreich und bei Donau-Soja.

Die Sojabohne, in Wien heimisch seit 1875 – Die Sojabohne ist eine uralte Kulturpflanze und wird seit mehr als 3000 Jahren in Asien angebaut. Erste Aufzeichnungen über Sojabohnen finden sich bereits 1500 v. Chr. in Japan und Korea, wo sie als heilige Pflanze verehrt wurde. Nach Europa kam sie im 17. und 18. Jahrhundert durch Forschungsreisende, wurde damals allerdings nur als Gewürz- und Zierpflanze in botanischen Gärten bestaunt. Europa entdeckte die Sojabohne 1873 durch Prof. Friedrich Haberlandt im japanischen Pavillon auf der Weltausstellung in Wien. Der Agrarwissenschaftler war auf der Suche nach neuen Kulturpflanzen, mit denen die wachsende Bevölkerung in den Städten ernährt werden könnte. Haberlandt war fasziniert vom Potenzial der Sojabohnen und startete 1875 Anbauversuche an 1500 Stellen in der Habsburgermonarchie. Die Ergebnisse waren vielversprechend. Haberlandt entwickelte bereits erste Rezepte damit, z. B. die Sojanka, eine breiartige Speise. Sie sollte vor allem die ärmeren Bevölkerungsschichten gut ernähren. Leider wurde die Entwicklung des Sojaanbaus durch den frühen Tod Haberlandts behindert. Zu stoppen waren die Sojabohnen allerdings nicht mehr, in Deutschland und Österreich wurden sie besonders in und nach den Weltkriegen angebaut und reisten dann über Europa in die USA ein, wo sie zuerst als Ölpflanze Karriere machten, bis dann auch ihre Qualitäten als Eiweißquelle entdeckt wurden. Die Kiste, in der die Sojabohnen 1873 von Japan nach Österreich kamen, ist immer noch zu besichtigen – im Weltmuseum in Wien.

Sojabohnen-Ernte 2023 in der EU – 2023 wurden in den Mitgliedsländern der EU 2.823.000 Tonnen gentechnikfreie Sojabohnen geerntet (in Italien, Frankreich, Rumänien, Österreich, Kroatien, Ungarn, Deutschland, Slowakei, Tschechien, Polen, Slowenien und Spanien). Spitzenreiter ist Italien mit 1.052.000 Tonnen. In Deutschland betrug die Ernte 122.000 Tonnen und hat sich damit seit 2016 mehr als verdoppelt. 270.000 Tonnen wurden in Österreich geerntet und 40 Prozent davon zu Lebensmitteln verarbeitet.[5]

5 European Commission/Directorate-General for Agriculture and Rural Development - https://agridata.ec.europa.eu/extensions/DashboardCereals/OilseedProduction.html (abgerufen am 25.04.2024); Land schafft Leben e. V. (Hg.) (2022): Infografiken zu Soja, http://www.land-schafftleben.at/infografiken/soja, 2022.

Viel Lärm um nichts: Sojamythen und Irrtümer Interview mit Mag. Angela Mörixbauer, MA

Rund um Soja, Ernährung und Gesundheit gibt es viele Irrtümer und Halbwahrheiten. Ich habe mich dazu mit der Ernährungswissenschaftlerin Angela Mörixbauer getroffen.

Ich lese auf manchen Internetseiten, dass Allergien gegen Soja zunehmen. Stimmt das? Nein, darauf gibt es keine Hinweise. Generell ist die Häufigkeit ärztlich diagnostizierter Nahrungsmittelallergien seit Ende der 1990er-Jahre nahezu unverändert, auch wenn in Populärmedien oft das Gegenteil behauptet wird. In unseren Breiten reagieren nur 0,4 Prozent der Bevölkerung tatsächlich allergisch auf Sojaprodukte, das sind vier von 1000 Personen. Hier sind Birkenpollenallergiker, die eine sogenannte Kreuzallergie auf Soja entwickeln können, bereits eingerechnet. Allergische Reaktionen sind fehlgeleitete Antworten des Immunsystems auf körperfremde, aber eigentlich unschädliche Substanzen, die Allergene. Dabei reagieren im Körper sogenannte IgE-Antikörper mit den Allergenen und lösen die jeweiligen Beschwerden aus. Wenn bestimmte IgE-Antikörper im Blut vorhanden sind, nennt man das allergische Sensibilisierung. Dies kann, muss aber nicht eine Reaktion hervorrufen. Tatsächlich sind deutlich mehr Menschen gegen beispielsweise Karotten, Sellerie oder Tomaten sensibilisiert als gegen Sojabohnen.

Warum müssen Menschen, die an einer Birkenpollenallergie leiden, bei manchen Sojaprodukten aufpassen? Das Hauptallergen der Birke hat eine ähnliche Struktur wie jenes der Sojabohne. Daher kann es vorkommen, dass das Immunsystem von Birkenpollenallergikern auch auf Sojaprodukte anspricht und Beschwerden auslöst. Aus demselben Grund reagieren Birkenpollenallergiker übrigens auch oft auf Äpfel, Karotten oder Sellerie mit Beschwerden. Man nennt das Kreuzreaktion. Allerdings wird dieses Hauptallergen der Sojabohne durch Erhitzen und Fermentation zerstört oder verliert an Aktivität. Deshalb vertragen auch Birkenpollenallergiker die meisten Sojaprodukte ohne Probleme. Achtgeben sollten sie in erster Linie bei Sojadrinks, weil hier innerhalb kurzer Zeit große Mengen gering verarbeitetes Sojaeiweiß aufgenommen wird. Offenbar reagiert aber nur ein geringer Teil der Birkenpollenallergiker darauf. Das hat unter anderem eine Schweizer Studie gezeigt. Bei knapp drei Vierteln der Birkenpollenallergiker konnten die Forscher spezifisches IgE für das Sojaallergen im Blut nachweisen, aber nur ein Zehntel davon berichtete von Beschwerden nach dem Konsum von Sojaprodukten.

Helfen bestimmte Sojainhaltsstoffe tatsächlich bei Wechseljahresbeschwerden? Ja. So gut wie alle relevanten Studien zeigen, dass die in Soja enthaltenen Isoflavone die Häufigkeit und Intensität menopausaler Hitzewallungen deutlich reduzieren, in der Regel um 20 bis 25 Prozent. Diese sojatypischen Inhaltsstoffe sind sogar wirksamer als viele nicht hormonelle Medikamente. Die North American Menopause Society hat bereits 2011 bestätigt, dass Soja-Isoflavone gegen Hitzewallungen während der Wechseljahre wirken. Und die Österreichische Menopausegesellschaft empfiehlt Soja-Isoflavone sogar als erstes Mittel der Wahl bei der Behandlung.

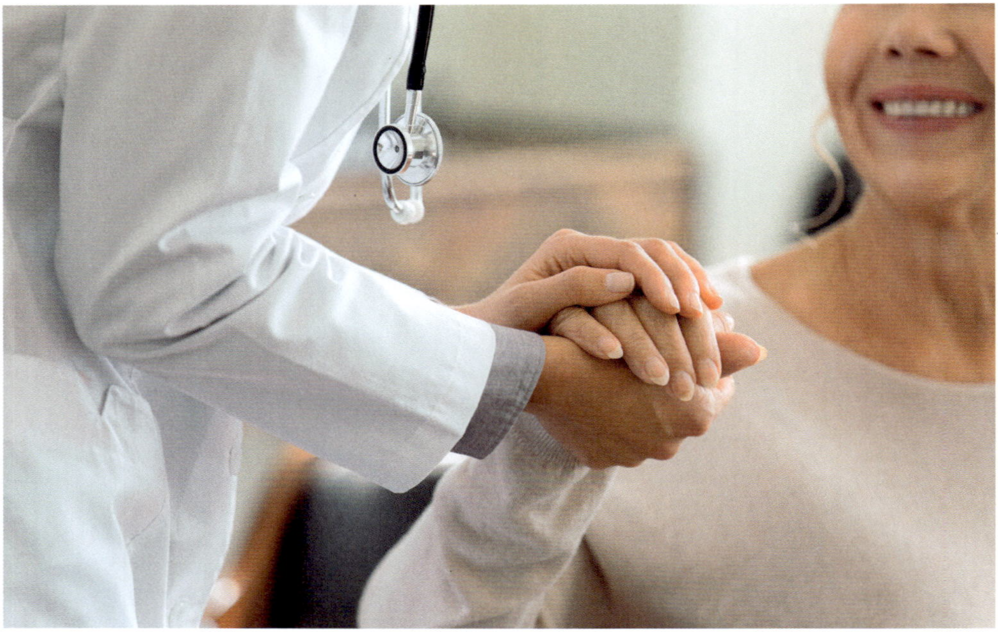

Kann Soja tatsächlich vor Brustkrebs schützen? Ja. Es ist bekannt, dass Brustkrebs bei Frauen in asiatischen Ländern deutlich seltener auftritt als bei europäischen Frauen. Der Zusammenhang zwischen dem Verzehr von Sojaprodukten und dem Brustkrebsrisiko wird schon seit mehr als 25 Jahren intensiv erforscht. Die Ergebnisse zeigen, dass insbesondere Frauen, die bereits im Kindes- und Jugendalter regelmäßig Sojaprodukte gegessen haben, damit ihr Brustkrebsrisiko verringern konnten. Eine Metaanalyse, die 35 Studien umfasst, zeigt, dass die in Soja enthaltenen Isoflavone das Risiko, an Brustkrebs zu erkranken, deutlich senken. Traditionelle Sojalebensmittel scheinen dabei eine bessere Schutzwirkung zu entfalten als isoliertes Sojaeiweiß oder Isoflavon-Supplemente.

Stimmt es, dass Brustkrebspatientinnen keine Sojalebensmittel essen sollen? Nein, im Gegenteil: Wir wissen heute, dass Sojalebensmittel für Frauen mit diagnostiziertem Brustkrebs nicht nur sicher sind, sondern dass der regelmäßige Konsum sogar die Brustkrebsprognose verbessert und die Überlebensrate erhöht. Dies wurde sowohl bei Asiatinnen als auch Nichtasiatinnen beobachtet. Einige kleinere Studien deuten außerdem darauf hin, dass Sojaprodukte die Wirkung mancher Brustkrebsmedikamente unterstützen.

Können Lektine in Soja tatsächlich das Blut verklumpen lassen? Nein. Diese Behauptung stammt daher, dass bestimmte Inhaltsstoffe in Hülsenfrüchten sogenannte Lektine enthalten. Diese werden aufgrund ihrer Eigenschaften zur Bestimmung von Blutgruppen herangezogen, unter anderem, weil sie das Blut verklumpen lassen. Man nennt sie deshalb auch Häm-Agglutinine (von agglutinieren = verklumpen). Allerdings sind Lektine Proteine, also Eiweiß, die durch Erhitzen denaturiert werden und somit ihre schädliche Wirkung verlieren. Deshalb müssen alle Hülsenfrüchte, also auch Sojabohnen, vor dem Verzehr immer gekocht werden. Schon unsere Großmütter haben uns geraten, grüne Bohnen nie roh zu essen.

Ist Soja gut für die Knochen? Ja. Besonders Frauen nach den Wechseljahren haben ein höheres Risiko für Osteoporose und Knochenbrüche, da während des Wechsels der körpereigene Östrogenspiegel sinkt. Das führt dazu, dass die Knochen schlechter mineralisiert werden. Die meisten klinischen Studien zeigen, dass Soja-Isoflavone dazu beitragen können, die Knochenmineraldichte zu erhalten. Auch Beobachtungsstudien zeigen einen Zusammenhang zwischen einer sojareichen Ernährung und dem verringerten Risiko von Knochenbrüchen. Derzeit ist die Datenlage aber noch nicht ausreichend, um konkrete Zufuhrempfehlungen für Soja-Isoflavone geben zu können. Außer Frage steht, dass Sojalebensmittel generell gut für die Knochen sind. Die hohe Qualität des Sojaproteins und das gut absorbierbare Kalzium in (angereicherten) Sojaprodukten fördern gesunde Knochen.

Hilft Soja bei Regelschmerzen? Das ist nicht eindeutig belegt. Manche Studien zeigen, dass isolierte Soja-Isoflavone zyklusabhängige Östrogenschwankungen regulieren und damit Beschwerden des sogenannten prämenstruellen Syndroms (PMS) lindern. In der Summe ist die Datenlage für einen eindeutigen wissenschaftlichen Beleg aber zu widersprüchlich. Es gibt allerdings auch keine Hinweise darauf, dass Soja PMS-Beschwerden verstärken würde, wie manchmal behauptet wird.

Stimmt es, dass Soja Frauen und Männer unfruchtbar macht? Diese Bedenken kenne ich. Sie stammen von Ergebnissen aus Tierstudien, die aber nicht so einfach auf den Menschen umgelegt werden dürfen. Zum einen wurden den Tieren dabei isolierte Soja-Isoflavone in teilweise extrem hohen Mengen gefüttert, das könnte man mit der Nahrung gar nicht zu sich nehmen. Zum anderen unterscheidet sich der Isoflavonstoffwechsel der Tiere wesentlich von jenem der Menschen. Um die Frage zu beantworten: Nein, Sojakonsum macht nicht unfruchtbar. Es gibt keine Studien, die dies bestätigen würden. Im Gegenteil: Sojalebensmittel und Isoflavon-Supplemente scheinen sogar einen positiven Effekt auf Frauen mit Kinderwunsch zu haben. Zum Zusammenhang zwischen dem Sojakonsum von Männern und deren Fruchtbarkeit gibt es kaum Studien.

Stimmt es, dass die Pflanzenhormone in Soja Männer „verweiblichen"? Nein. Sojalebensmittel verändern weder die Hormonspiegel bei Männern, noch führen sie zu einer „Verweiblichung" des Erscheinungsbildes. Die überwiegende Zahl klinischer Studien zeigt, dass weder Sojalebensmittel noch Sojaisoflavon-Supplemente den Östrogen- oder Testosteronspiegel bei Männern beeinflussen.

Sind Sojalebensmittel für Kinder geeignet? Ja. Laut dem deutschen Bundeszentrum für Ernährung (BZfE) spricht nichts gegen den gelegentlichen Verzehr von Sojaprodukten in dieser Altersgruppe. Sojaprodukte, die als Kuhmilchersatz dienen sollen, sollten aber mit Kalzium angereichert sein, um die Kalziumversorgung zu gewährleisten. Bislang gibt es nur wenige Studien zum Einfluss der Isoflavonaufnahme aus Soja bei Kindern. Deren Ergebnisse weisen aber darauf hin, dass der Konsum von Soja im Kindesalter keine unerwünschten Nebenwirkungen, etwa auf den Sexualhormonstatus oder die Geschlechtsreife, hat.

Man liest immer wieder, dass Soja der Schilddrüse schadet. Stimmt das? Nein. Bei Menschen mit normaler Schilddrüsenfunktion konnten weder für Soja-Lebensmittel noch für isolierte Isoflavone negative Wirkungen auf die Schilddrüse nachgewiesen werden. Das bestätigte 2015 auch die EFSA, die Europäische Behörde für Lebensmittelsicherheit. Selbst bei Menschen mit subklinischer – also noch nicht durch Symptome bemerkbarer – Schilddrüsenunterfunktion liefert die Studienlage derzeit keinen Anlass, um von Sojalebensmitteln abzuraten.

Müssen Personen, die Medikamente gegen eine Schilddrüsenunterfunktion einnehmen, auf Soja verzichten? Nein, aber möglicherweise müssen sie in Absprache mit ihrer Ärztin oder ihrem Arzt die Medikamentendosis erhöhen. Ursache ist jedoch nicht eine direkte Wirkung von Soja auf die Schilddrüsenfunktion, sondern eine „Verwechslung": Sojaeiweiß kann in gewissem Ausmaß mit der Aufnahme des Medikaments Levothyroxin in Konkurrenz treten.

Sind fermentierte Sojaprodukte gesünder als unfermentierte? Nicht pauschal, aber in manchen Eigenschaften. Fermentationsprozesse können dazu führen, dass Allergene in Soja teilweise oder vollständig hydrolysiert, also zerlegt werden, sodass die allergische Wirkung deutlich abnimmt. Fermentationsprozesse erhöhen außerdem die Spermidinkonzentration. Spermidin ist ein Eiweißstoff, der lebensverlängernde Wirkung zeigt und in Sojabohnen besonders reichlich enthalten ist. Fermentierung verringert auch den Phytatgehalt in Sojabohnen. Das führt dazu, dass Mineralstoffe besser aufgenommen werden können. Im Zuge der Fermentierung nimmt außerdem der Gehalt jener Ballaststoffe in Sojabohnen ab, die für Blähungen verantwortlich sind.

Mag. Angela Mörixbauer, MA ist seit über 20 Jahren als Ernährungswissenschaftlerin tätig und Inhaberin von „eatconsult – agentur für ernährungskommunikation". Sie betreute u. a. den gemeinnützigen Verein Soja aus Österreich bei ernährungswissenschaftlichen Themen sowie in der Öffentlichkeitsarbeit. 2019 veröffentlichte sie in der wissenschaftlichen Fachzeitschrift Ernährungs Umschau zwei Artikel über den aktuellen Stand der Wissenschaft rund um Soja: „Soja, Soja-Isoflavone und gesundheitliche Auswirkungen", *Ernährungs Umschau* 3/2019 und 6/2019. Sie ist mehrfache Sach- und Fachbuchautorin, Fachhochschullektorin und Vortragende.

Soja aus Europa – vom Acker bis ins Kühlregal

Sojamilch, Tofu, Miso, Tempeh, Sojasoße und Natto – traditionelle Sojaprodukte, aber auch Neuentwicklungen werden aus Biosojabohnen hergestellt, die in unserem unmittelbaren Umfeld wachsen.

Sojamilch für die Zukunft

Kleiner ökologischer Fußabdruck, nahrhaft, gesund, einfach produziert, preisgünstig und pflanzlich – Sojamilch ist wie maßgeschneidert für das 21. Jahrhundert. Trotzdem ist dieses Grundnahrungsmittel keine schlaue Erfindung der Neuzeit, sondern wird in Asien seit vielen Jahrhunderten hergestellt, und zwar aus nur zwei Zutaten: Sojabohnen und Wasser (Rezept S. 59) Sojamilch ist ein Allroundtalent und kann in allen Rezepten die Kuhmilch ersetzen. Aber sie kann noch mehr und hat dadurch eine immense Bedeutung für die Produktion pflanzlicher Lebensmittel: Aus Sojamilch werden Tofu und Sojajoghurt, aber auch andere naturbelassene Sojaprodukte hergestellt.

Pflanzenmilch mit Geschichte

Bereits im 14. Jahrhundert wird Sojamilch in China in einem Dokument erwähnt und dort nachweislich seit dem 17. Jahrhundert konsumiert. Sie wurde in Handwerksbetrieben hergestellt und zum Frühstück gesüßt getrunken oder als salzige Suppe gelöffelt. Die weltweit erste Fabrikation, die Usine Caseo-Soiane, wurde 1909 in Paris von Li-Yu-Ying gegründet. Der chinesische Biologe und Ingenieur erhielt 1912 auch das britische Patent für „pflanzliche Milch und daraus hergestellte Produkte". Auch in Deutschland gab es zu dieser Zeit schon Sojapioniere: 1913 begannen die Soyama-Werke in Frankfurt mit der Sojamilchproduktion.[6] Mittlerweile ist Sojamilch die weltweit wohl am meisten konsumierte Pflanzenmilch und in den verschiedensten Geschmacksrichtungen erhältlich. Trotzdem wird man im Supermarkt keine Sojamilch, sondern einen Sojadrink finden. Denn nach EU-Recht darf nur die weiße Flüssigkeit aus dem Euter von Tieren als Milch deklariert werden.

6 Fu Cia-Chen (2018): „The other milk, reinventing Soy in Republican China", Seattle: University of Washington Press; William Shurtleff, Akiko Aoyagi (2013): „History of Soymilk and other non-dairy-milks", https://www.soyinfocenter.com/pdf/166/Milk.pdf (abgerufen am 22.09.2022).

1665 berichtete Domingo Fernandez de Navarrete, ein Dominikanermönch aus China, über ein preisgünstiges Lebensmittel, das im Überfluss vorhanden sei und von jedem gegessen werde, vom einfachen Mann bis zum Kaiser. „Es ist weiß wie Schnee, und nichts könnte feiner sein. Es wird roh gegessen, aber im Allgemeinen gekocht und mit Kräutern, Fisch und anderen Dingen angerichtet. Allein schmeckt es fad, aber so serviert, sehr gut und ausgezeichnet gebraten. [...] Sie haben es auch getrocknet und geräuchert und vermischt mit Kümmel, was das Beste von allem ist."[7] Womit schon vor 350 Jahren festgestellt wurde: Richtig zubereitet und gut gewürzt, schmeckt Tofu hervorragend!

Damit es nicht zu Verwirrung kommt, ist im Rezeptteil daher meist die Rede von Sojadrinks. Ich empfehle, beim Einkauf des Sojadrinks auf das Biozeichen und die Herkunft der Sojabohnen aus einem EU-Land zu achten und unbedingt die Zutatenliste zu lesen. Für meine Rezepte verwende ich immer Sojamilch Natur, ungesüßt. Sojamilch lässt sich auch einfach zu Hause herstellen, das Rezept dafür steht auf S. 59.

Tofu, ein kulinarisches Talent

Tofu ist ein traditionelles asiatisches Produkt und keine Hightech-Erfindung der Lebensmittelindustrie. Für die Herstellung von Tofu braucht man nur drei Zutaten: Sojabohnen, Wasser und ein Gerinnungsmittel (S. 61).
Tofu bereichert seit Jahrhunderten asiatische Speisekarten und wurde schon im 12. Jahrhundert in Japan beschrieben.

Tofu Natur – einer für alles

Tofu Natur ist nicht gleich Tofu Natur. Es gibt große Unterschiede in Konsistenz und Geschmack.
Bei uns wird Tofu Natur meist fest gepresst, kompakt in Klarsichtfolie verschweißt und pasteurisiert verkauft. Die Haltbarmachung

7 Shurtleff, William/Aoyagi, Akiko (2013): „Chronology of Tofu Worldwide 965 A. D. to 1929", https://www.soyinfocenter.com/chronologies_of_soyfoods-tofu.php (abgerufen am 22.09.2022).

ist praktisch, da eiweißreicher Tofu sonst nur kurz haltbar wäre. Es gibt mittlerweile jedoch auch in Europa Produzenten, die weicheren Tofu Natur herstellen. In Japan wird dieser als „Baumwoll-Tofu" geschätzt. Zu erkennen ist der weniger gepresste Tofu daran, dass er in einer Schale verpackt und von Wasser umgeben ist.
Fest oder weich, je nach Konsistenz ist Tofu besonders geeignet für verschiedene Gerichte. Mit festem Tofu Natur lassen sich grundsätzlich alle Rezepte zubereiten, ob Burger, Sandwich-Tofu, Wokgerichte, Kuchen oder Dressings. Der weichere Tofu ermöglicht jedoch besondere kulinarische Erfahrungen. In würzigen Soßen gesimmert, nimmt er die Aromen besonders gut auf, zergeht fast auf der Zunge und hat eine einzigartige, angenehme Konsistenz. Dressings und Cremes lassen sich mit weichem Tofu leichter glatt mixen. Darum ist mein Tipp, auch weicheren Tofu zu kaufen, z. B. in Asiageschäften, oder den selbst gemachten Tofu mal kürzer zu pressen.

Räuchertofu – der Deftige

Den beliebten herzhaften Geschmack bringt geräucherter Tofu ins Essen, in Aufstriche, „Hackbraten" oder Pastasoßen. Gut geeignet für die schnelle Küche, wird er würfelig geschnitten, kross gebraten und über Salate und Bratkartoffeln gestreut. Die traditionelle Herstellung: Tofu Natur wird vor dem Räuchern in eine Lake, meist aus Sojasoße und Wasser eingelegt, dann getrocknet, auf große Bleche gegeben und in den Räucherofen geschoben. Mit Holzspänen und eventuell auch Gewürzen wie Rosmarin und Lorbeer wird darin Rauch erzeugt. Man unterscheidet zwischen Kalträuchern (bis ca. 25 °C) und Heißräuchern (65 °C bis 140 °C). Beim Kalträuchern bleibt die Tofu-Oberfläche weich, durch das Heißräuchern wird sie fest und dunkel.

Seidentofu – Luxus für die Massen

Seidentofu hat die zart schmelzende Konsistenz von Pudding und schmeckt fein-süßlich. Seidentofu kommt als Topping auf Salate und Gemüsegerichte, als Einlage in klare Suppen und ist ideal, um daraus Mayonnaise, Dressings oder cremige Desserts zu mixen. Als erfrischendes Sommergericht lohnt es sich, eisgekühlten Seidentofu mit Sojasoße zu beträufeln und mit Frühlingszwiebeln zu bestreuen. In Japan war Seidentofu jahrhundertelang ein Luxusprodukt, das sich nur die reiche Oberschicht leisten konnte. Mittlerweile haben sich die Produktionsmethoden

geändert, und der sogenannte Kinugoshi-Tofu wird besonders in der heißen Jahreszeit massenhaft verkauft. Zur Herstellung von Seidentofu wird dickflüssigere Sojamilch mit einem Gerinnungsmittel, Nigari oder Kalziumsulfat, vermischt und zum Stocken in Behältnisse gefüllt – im Gegensatz zum Tofu Natur, bei dem die Molke abtropft und der Sojabruch gepresst wird. Für die industrielle Produktion wird die kalte Sojamilch mit einem Gerinnungsmittel vermischt, in Portionspackungen gegossen, versiegelt und in heißem Wasser zum Stocken gebracht.

Frosti-Tofu – Blitzversion eines Klassikers

Gefrorenen Tofu gibt es nicht zu kaufen. Seine Herstellung dauert aber nur wenige Minuten (S. 67). Tofu verändert durch das Gefrieren sowohl seine Farbe von Weiß zu Gelb als auch seine Konsistenz. Das Gefrieren verwandelt das Wasser im Tofu zu Eis. Nach dem Auftauen hat der Tofu idealerweise die Beschaffenheit eines feinen porösen Schwamms, wird leicht ausgepresst und kann die Aromen von Marinaden, Soßen und Suppen gut aufnehmen und zerfällt auch durch längeres Köcheln nicht. Am besten geeignet für die Kältebehandlung ist etwas weicherer Tofu. Sehr hart gepresster Tofu, der bereits weniger Wasser enthält, wird nach dem Auftauen kaum porös und nimmt Aromen weniger gut auf.

Frosti-Tofu ist die Blitzversion des klassischen gefriergetrockneten Koya-Tofus, der in Japan schon vor Jahrhunderten (wahrscheinlich von Mönchen) erfunden wurde. Um Tofu länger haltbar zu machen, wurde dieser in eiskalten Winternächten produziert, in Scheiben geschnitten, eingefroren, aufgetaut und über Feuer knochenhart getrocknet. Heute wird Koya-Tofu industriell hergestellt, ähnelt Zwieback und ist in Asiageschäften erhältlich.

Fermentierter Tofu – kleiner Aufwand, köstliches Ergebnis

In Würfel geschnittener Tofu Natur wird mit Shio-Koji vermischt und für drei bis fünf Tage zum Fermentieren in den Kühlschrank gestellt (S. 65). Das macht den Tofu cremig-weich und reich an komplexen Aromen. Leicht süßlich, zart säuerlich und mit feinem Umami-Geschmack bereichert fermentierter Tofu üppige Salate und Nudelgerichte und lässt sich zu Aufstrichen und Süßspeisen verarbeiten. Shio-Koji, das diese köstliche Verwandlung bewirkt, ist ein traditionelles japanisches Produkt, für das Koji, Wasser und Salz vermischt werden. Die weißliche Flüssigkeit wird sowohl zum Fermentieren als auch zum Würzen von Dressings, zum Marinieren von Fisch, Fleisch und Gemüse eingesetzt und ist in Asiageschäften, Fermentiershops und online erhältlich.

Koji, das Fermentationswunder aus dem Fernen Osten – Umami, der köstliche Geschmack, der Miso und Sojasoße für uns so unwiderstehlich macht, ist Koji zu verdanken, einer auf Getreide wachsenden Edelschimmelkultur. Für die Herstellung von Koji werden Reis oder gedämpfte Gerste mit den Sporen von Aspergillus oryzae, einem Edelschimmel, vermischt und bei hoher Luftfeuchtigkeit und tropischen Temperaturen zwei Tage lang kultiviert. Unter diesen kontrollierten Bedingungen gedeiht der Schimmelpilz und überzieht die Getreidekörner mit einem schneeweißen, feinen Flor, dem sogenannten Pilzmyzel. Koji wird frisch oder getrocknet eingesetzt. Seine Funktion ist es, Enzyme zu produzieren, die Eiweiß, Kohlenhydrate und Fett z. B. aus Sojabohnen zu leicht verdaulichen Aminosäuren, Einfachzucker und Fettsäuren abbauen. Bei der Herstellung von Miso und Sojasoße startet Koji die Fermentationsprozesse.

Miso, die älteste Würzpaste der Welt

Mit Miso wurde schon vor Jahrhunderten die erste Instantsuppe der Welt zubereitet, und bereits eine kleine Menge davon gibt Dressings, Aufstrichen, Soßen, Gemüse- und Getreidegerichten, sogar Süßspeisen den besonderen Kick.

Miso entsteht in einem zweiteiligen Fermentationsprozess. Im ersten Schritt wird Koji (siehe unten) hergestellt und zerkrümelt. Im zweiten Schritt werden gedämpfte Sojabohnen zerkleinert und mit Koji und Salz vermischt. Die kompakte Masse wird fest in ein Gefäß gepresst, mit Salz oder reifem Miso versiegelt, abgedeckt und beschwert. An einem lichtgeschützten Ort bei Raumtemperatur reift das Miso sechs Monate bis zu einigen Jahren. Je länger das Miso reift, umso dunkler und kräftiger im Geschmack wird es, enthält aber auch mehr Salz. Traditionell fermentiertes Miso ist reich an probiotischen Milchsäurebakterien. Diese verlieren ihre Wirkkraft jedoch durch Erhitzen, darum sollte man bevorzugt unpasteurisiertes Miso kaufen, in Naturkostgeschäften, Fermentiershops oder Asialäden. In Japan gibt es zahlreiche Misosorten, die verschiedene Getreide oder Hülsenfrüchte enthalten. In Mitteleuropa am häufigsten produziert werden helles, mildes Shiro-Miso und braunes, kräftigeres Mugi-Miso mit Gerste oder Kichererbsen-Miso.

Tempeh, schnittfest mit gutem Biss

Der Duft erinnert an frische Hefe, der Geschmack an Pilze und Nüsse – rohes Tempeh ist von Natur aus würzig und damit besonders geeignet für herzhafte, deftige Speisen. Die kompakten Tempehstücke lassen sich in stabile Scheiben schneiden und werden vor dem Garen gerne mariniert. Am besten schmeckt Tempeh gebraten oder frittiert und wird dabei appetitlich goldbraun und knusprig.

Rasch zubereitete Tempehchips sind eine beliebte Vorspeise und bringen den begehrten Crunch in Salate und Gemüsegerichte. Besonders Kinder sind von den Knusperdingern angetan.

Tempeh hat einen guten Biss, den es auch behält, wenn gebratenes Tempeh in Stücken oder zerkrümelt, in Soßen geköchelt oder in Füllungen gemischt wird.

Ursprünglich kommt Tempeh aus Indonesien, wo es ein Grundnahrungsmittel ist, und wird mittlerweile aus regionalen Sojabohnen auch in Deutschland und Österreich produziert.

Um Tempeh herzustellen, vermischt man gekochte Sojabohnen mit dem Edelschimmel Rhizobus oligosporus und einem Hauch Essig. Die Sojabohnen werden dann luftdurchlässig verpackt und fermentieren bei 30 °C ein bis zwei Tage. Dabei entsteht ein schnittfester Block, in dem die Sojabohnen fest zusammengehalten werden von schneeweißem Edelschimmel, der aussieht wie die äußere Schicht von Camembert. Frisches Tempeh ist maximal zehn Tage gekühlt haltbar und kann eingefroren werden, was weder die Konsistenz noch den Geschmack verändert.

Welche Gewürze und Kräuter passen zu Tofu und Tempeh? – Die Antwort ist einfach: alle! Mit Tofu und Tempeh kann man auf kulinarische Weltreise gehen. Von fernöstlichen Küchen inspirierte Speisen werden mit Sojasoße gewürzt, unterstützt von Ingwer, Reiswein und Sesam. Indische Gerichte verlangen nach Curry, frischem Koriander und Limettensaft. Tofu und Tempeh verstehen sich mit Zimt, Kardamom und Muskat, den Gewürzen des Orients, und der Schärfe von Chili in mexikanischen Rezepten. In der Mittelmeerküche brauchen sie das Aroma von Basilikum, Minze, Oregano, Thymian, Rosmarin und Knoblauch; in heimisch Vertrautem harmonieren Tofu und Tempeh mit Petersilie, Dill, Liebstöckel, Bohnenkraut, Majoran und Senf.

Sojasoße – würziges Genie

Gekonnt dosiert, bringt Sojasoße vielschichtigen, tiefen Geschmack in Speisen – schon ein paar Tropfen davon geben den entscheidenden Kick.
Die meistverwendete Würzsoße der Welt wurde bereits im zweiten Jahrhundert v. Chr. in China erfunden und ist auch relativ bald als Delikatesse im Westen angekommen. Bereits 1890 war sie in Feinkostgeschäften in Wien erhältlich.
Die traditionelle Herstellung von Sojasoße ist aufwendig und langwierig, eine hohe Handwerkskunst, die auch in immer mehr Manufakturen in Mitteleuropa ausgeübt wird. Drei Schritte sind dafür erforderlich: Zuerst werden gedämpfte Sojabohnen mit geröstetem Weizen vermengt und das Gemisch mit einem speziellen Schimmelpilz versetzt, dem Aspergillus oryzae. Nach zwei bis drei Tagen ist das Sojasoßen-Koji fertig und wird mit Salz und Wasser verrührt. Diese Art Maische nennt man Moromi. Damit ist die Arbeit aber noch nicht zu Ende. Mindestens vier Wochen lang muss das Moromi täglich umgerührt werden und darf dann noch mindestens sechs Monate und bis zu zwei Jahre reifen. Zum Schluss wird das Moromi durch Stofftücher gefiltert und ausgepresst. Zur Haltbarmachung pasteurisiert man die rohe Sojasoße und füllt sie dann in Flaschen ab. Soweit die simple Beschreibung eines komplizierten Prozesses, der wie bei der Weinherstellung Fingerspitzengefühl und viel Know-how erfordert. Bei Sojasoßen, auch Shoyu genannt, gibt es gewaltige Qualitäts- und damit auch Preisunterschiede. Besonders hochwertige Soßen reifen bis zu fünf Jahre lang traditionell in Fässern aus Zedernholz.

Etwas Besonderes ist Tamari. Die dickflüssige Sojasoße bildete sich ursprünglich beim Fermentieren auf Miso und beinhaltet im Gegensatz zur Sojasoße keinen Weizen.
Wichtig: Vor dem Kauf von Sojasoße empfehle ich, das Etikett genau zu lesen. Nur Sojabohnen, Weizen, Salz und Wasser sollten als Zutaten darauf stehen, dazu der Hinweis auf natürliche Fermentierung.

Natto – starker Geschmack, starke Wirkung

Natto macht einen starken Eindruck – mit eindringlichem Geruch, ausgeprägt herzhaftem Geschmack und ungewöhnlicher Optik. Natto zieht lange Fäden, wenn man es verrührt. Letztere sind ein Qualitätsmerkmal. Das mag zuerst befremden, aber die meisten Menschen, die öfter Natto gegessen haben, wollen mehr davon (wie ich) – besonders, wenn sie auch herzhaften Käse, z. B. Münster, mögen. Natto wird mit Sojasoße, Senf und Frühlingszwiebeln vermischt zu Reis gegessen, kommt als Topping auf Salate, bringt Würze in Wraps, Suppen und Gemüsegerichte und kann sogar zu knusprigen Natto-Pancakes verarbeitet werden, wobei sein Geschmack nussig-mild wird (Rezept siehe S. 93).

Ursprünglich kommt auch Natto aus Japan, wo es seit Jahrhunderten gegessen und wegen seiner gesundheitsfördernden Wirkung geschätzt wird. Für Natto werden sehr kleine Sojabohnen eingeweicht, gedämpft, mit dem Bakterium Bacillus subtlis ssp. Natto beimpft und bei Raumtemperatur 24 Stunden fermentiert. Dabei bildet sich eine feine Schleimschicht um die Sojabohnen, die bei kräftigem Umrühren die gewünschten Fäden zieht. Natto ist ausgesprochen gesund, gehört zu den Lebensmitteln mit dem höchsten Vitamin-K-Gehalt und versorgt mit reichlich Isoflavonen und Spermidin.

Umami, der fünfte Geschmack – Wir haben ihn bereits mit der Muttermilch aufgesogen: Umami, den fünften Geschmack. Er ist nicht einfach zu beschreiben, trotzdem haben wir alle die Erfahrung gesammelt, dass etwas unwiderstehlich gut schmeckt, besser als nur süß, sauer, bitter oder salzig. Eine Schüssel mit Dashi, der japanischen Suppenbrühe auf Grundlage von Kombu-Algen (S. 157), 1908 verzehrt vom japanischen Chemiker Kikunae Ikeda, ist verantwortlich für die wissenschaftliche Erklärung von etwas, was schon immer alle geschmeckt haben. Umami kommt durch natürlich vorkommende Eiweißbausteine, die Glutaminsäuren, ins Essen. Enthalten sind diese vor allem in eiweißreichen Lebensmitteln wie Muttermilch, Fisch, Fleisch, Parmesan, Miso, Tempeh, Natto, Sojasoße, aber auch in Tomaten und Pilzen. Durch Kochen, Braten, Reifen und ganz besonders durch Fermentieren verstärkt sich Umami, der köstliche Geschmack. Ganz wichtig: Umami, das durch Glutaminsäuren aus natürlichen Lebensmitteln hervorgerufen wird, ist nicht zu verwechseln mit chemisch erzeugtem Glutamat. Letzteres wird bei der industriellen Lebensmittelproduktion als Geschmacksverstärker eingesetzt, um denaturierte Zutaten genießbar zu machen.

Sojajoghurt Natur – der Verlässliche

Die Herstellung ist einfach und natürlich: Lauwarme Sojamilch wird mit Joghurtferment (Milchsäurebakterien) vermischt und fermentiert dann in ca. acht Stunden zu Sojajoghurt (S. 69) Da Sojamilch weniger Zucker enthält als Kuhmilch, wird der Joghurt daraus etwas dünnflüssiger. Zucker ist Nahrung für Milchsäurebakterien. Um Sojajoghurt etwas fester und geschmacksintensiver zu machen, wird Sojamilch häufig mit einer Spur Zucker vermischt, sowohl in der häuslichen als auch in der industriellen Produktion. Bei Letzterer werden auch manchmal zusätzliche Verdickungsmittel zugefügt. Da der Name Joghurt in der EU nur dem tierischen Produkt vorbehalten ist, kommt Sojajoghurt unter der Bezeichnung „Yofu“ oder „Sojagurt“ in den Handel.

Edamame – mehr als ein grüner Snack

Sie sind in kurzer Zeit zum populären Snack avanciert und werden in veganen und japanischen Restaurants als Vorspeise aufgetischt: Edamame, grüne Sojabohnen, in der Hülse gekocht und mit grobem Salz bestreut. Es ist ein Vergnügen, die leuchtend grünen Edamame aus ihrer festen Hülle zu knabbern. Die fingernagelgroßen Bohnenkerne schmecken fein nussig, leicht süßlich, und hat man erst einmal mit dem Snacken angefangen, kann man nicht mehr damit aufhören. Was kein Problem ist, denn im Gegensatz zu fettigen Chips werden Edamame nur wenige Minuten in Wasser gekocht und verwöhnen mit viel Eiweiß, Omega-3-Fettsäuren, Vitaminen und Biostoffen.

Die unreif geernteten Sojabohnen punkten nicht nur als gesunder Snack, sie bereichern auch Bowls, leuchten aus Salaten, werden zu cremigen Suppen gemixt und im Wok gebraten. Ihrer Beliebtheit förderlich ist: Edamame gibt es tiefgekühlt im Supermarkt, sowohl in der Hülse als auch die reinen Bohnenkerne.

Wer einen Garten hat, kann Edamame selbst anbauen. Es gibt dafür spezielle Sorten von Sojabohnen. Aussaat ist Ende April, Ernte im September. Frisch geerntete grüne Sojabohnen können traditionell zubereitet werden: Die langen Stängel mit den Hülsen daran abschneiden, im Wasser kochen, abgießen und in großen Schüsseln servieren. Dieser Zubereitung verdanken Edamame auch ihren Namen, übersetzt heißen sie „Bohnen am Zweig.“

Texturate – Etiketten lesen, Qualität erkennen

Granulat, Streifen oder Stücke: Sojatexturat wird in den verschiedensten Formen angeboten, muss nur eingeweicht werden und lässt sich vielfältig verarbeiten: zur veganen Version der Soße Bolognese (S. 217), zu Füllungen oder zu Ragouts. Texturate sind trocken und müssen nicht gekühlt werden. Dadurch sind sie lange haltbar, also perfekt für die Vorratshaltung geeignet.

Für Texturate werden die nährstoffreichen Rückstände bei der Produktion von Sojaöl verwertet. Und dabei gibt es große Qualitätsunterschiede zwischen der chemischen Herstellungsweise und einer mechanischen Produktion, die hochwertige Texturate in Bioqualität erzeugt.

Wird Sojaöl durch Extraktion mit chemischen Lösungsmitteln gewonnen, bleibt als Rest der Sojaextraktionsschrot zurück. Daraus wird in energieaufwendigen chemischen Verfahren auch Sojakonzentrat hergestellt. Dieses ist der Grundstoff für herkömmliche Texturate.

Texturate in Bioqualität werden in kleineren Betrieben hergestellt. Das Öl wird aus Biosojabohnen in einem einfachen Pressvorgang gewonnen. Zurück bleibt der sogenannte Presskuchen. Dieser wird vermahlen und anschließend mit Wasser zu einem Teig vermischt. Daraus werden in einem rein mechanisch arbeitenden Extruder die verschiedenen Texturate erzeugt.

Woran ist die Qualität eines Texturats zu erkennen? Ganz einfach an der Biokennzeichung! Ein weiterer Hinweis ist der Fettgehalt: Liegt dieser über sechs Prozent, kann man davon ausgehen, dass das Ausgangsprodukt für das Texturat ein Presskuchen ist. Oft wird auf der Verpackung auch auf die mechanische Erzeugung hingewiesen.

In Bioqualität und regional – wo kann ich Sojaprodukte kaufen? Sojaprodukte in Bioqualität aus europäischen Sojabohnen gibt es in Supermärkten und Naturkostgeschäften. Wer möglichst regional kaufen will, findet die Informationen dazu auf dem Etikett: Biosiegel, Herkunftsland oder -region der Sojabohnen, z. B. Deutschland, vom Bodensee oder Österreich aus dem Burgenland, dazu den Produktionsstandort und meist auch den Hinweis „gentechnikfrei". Was nicht notwendig wäre, da in der EU der Anbau gentechnisch veränderter Sojabohnen verboten ist. Auch abseits der großen Einkaufsketten sind regionale Biosojaprodukte zu finden. Immer mehr kleinere Manufakturen stellen von Miso bis Sojasoße die verschiedensten Produkte handwerklich her. Und zunehmend verarbeiten Bauern und Bäuerinnen ihre Sojabohnen zu Tofu, verkaufen diesen ab Hof, auf Märkten oder in Bauernläden.

Sojamehl statt Ei

Vollfettes Sojamehl hat die höchste Qualitätsstufe und ist am wenigsten verarbeitet. Um es herzustellen, werden Sojabohnen gedämpft, getrocknet, zerquetscht und gemahlen. Vollfettes Sojamehl enthält 40 Prozent Eiweiß und 20 Prozent Fett. In kleinen Mengen zugesetzt (ca. 0,7 Prozent der gesamten Mehlmenge) hält es Weißbrot länger frisch.
Beim häuslichen Kochen wird meist geröstetes vollfettes Sojamehl mit leicht nussigem Geschmack verwendet. Dank seines hohen Lecithingehalts kann es beim Backen – oder wenn beim Kochen ein Bindemittel erforderlich ist – die Eier ersetzen. Für ein Ei ein bis zwei Esslöffel Sojamehl mit zwei bis drei Esslöffeln Wasser verrühren.

Sojaöl hoch erhitzt

Sojaöl ist reich an gesunden, mehrfach ungesättigten Omega-3-Fettsäurenm und dazu eine gute Quelle für Lecithin und Vitamin E. Weltweit werden 95 Prozent des Sojaöls durch Extraktion gewonnen und dann raffiniert. Nur wenige kleine Betriebe pressen Biosojabohnen rein mechanisch zu Öl, das zur Haltbarmachung auch meist erhitzt wird. Sojaöl schmeckt mild, kann hoch erhitzt werden und eignet sich daher zum Braten und Frittieren.

Knabbersoja – Proviant und Knusprigkeit für den Salat

Sie gleichen kleinen Nüssen, sind aber Sojabohnen, die eingeweicht, gekocht und geröstet wurden. Knabbersoja enthält nur halb so viel Fett wie Erdnüsse, dafür aber 40 Prozent Eiweiß und ist nicht nur sympathischer Snack und praktischer Reiseproviant, sondern bringt auch die begehrte Knusprigkeit in Salate, Bowls oder klein gehackt in Wraps, Rolls und Sandwiches.

Sojaflocken zum Frühstück

Geschälte Sojabohnen werden getoastet und gepresst. Sojaflocken kommen mit frischen Früchten ins Müsli und werden mit Trockenfrüchten zu Müsliriegeln verarbeitet. Für Brot, Gebäck und Kuchen können sie wie Getreideflocken verwendet werden.

Sojasprossen selbst keimen lassen

Was wir oft unter der Bezeichnung Sojasprossen verspeisen, sind in Wirklichkeit meist gekeimte grüne Mungbohnen. Die echten Sprossen aus der gelben Sojabohne werden zwar in China und Korea gerne gegessen, sind bei uns aber nur selten in Asia-Geschäften frisch zu finden.

Wer trotzdem vom Vitamin-und Mineralstoffreichtum dieser Sprossen profitieren will, kann sie selbst keimen lassen. Dafür genügen ein großes Glas und ein Sieb und schon kann es losgehen: 2–3 EL Biosojabohnen waschen und ca. 12 Stunden in kaltem Wasser einweichen. Die aufgequollenen Sojabohnen in einem Sieb gut abtropfen lassen und in ein großes Einmachglas geben. Das Glas täglich drei Mal mit kaltem Wasser auffüllen und eventuell auftreibende Schalen entfernen. Die Sprossen abspülen, gut abtropfen lassen und wieder in das ausgewaschene und trockene Glas geben. Damit die eiweißreichen Sojasprossen gut gedeihen, aber nicht schimmeln, sollten sie immer feucht gehalten werden, ohne im Wasser zu sitzen.

Nach 4–6 Tagen hat sich ein langer Keim gebildet. Um verdauungshemmende Stoffe zu inaktivieren, müssen die Sojasprossen vor dem Verzehr fünf Minuten in Wasser gekocht werden. Gut abgetropft kommen die Keimlinge dann in Salate und bereichern Gemüse- und Nudelgerichte.

Sojasahne verfeinert pflanzlich

Sojasahne bringt zarten Schmelz in Suppen, Soßen, Gemüsegerichte, Dressings und Süßspeisen. Außerdem ist sie laktose-, gluten- und cholesterinfrei und enthält weniger Fett als das tierische Vorbild. Ihre cremige Konsistenz verdankt die Sojasahne der Kombination von Sojamilch mit pflanzlichem Öl, Emulgatoren, z.B. Sonnenblumenlecithin und Stabilsatoren wie Guakernmehl. Ohne Zusätze lässt sie sich jedoch nicht aufschlagen. Wie bei jedem Fertigprodukt ist es auch hier empfehlenswert, die Zutatenliste zu lesen und bevorzugt Bioprodukte zu kaufen.

GRUND-REZEPTE

Sojamilch
(Sojadrink)

Sojamilch ist ein echtes Grundnahrungsmittel und kann in allen Rezepten die Kuhmilch ersetzen. Sojamilch ist auch die Hauptzutat von Tofu und Sojajoghurt. Dieses geniale Lebensmittel lässt sich einfach in jeder Küche herstellen. Man braucht dafür nur einen Topf, einen Mixer, ein großes Sieb und ein feines Geschirrtuch.

Zutaten für ca. 800 ml:

110 g Sojabohnen
1 L Wasser

Zubereitung:

1. Sojabohnen gut waschen, in reichlich kaltem Wasser einweichen und 8–12 Stunden quellen lassen.
2. Die Sojabohnen abgießen, kalt abspülen und gut abtropfen lassen.
3. Mit 500 ml kaltem Wasser im Mixglas sehr fein pürieren.
4. 500 ml Wasser in einem hohen Topf zum Kochen bringen und die pürierten Sojabohnen einrühren.
5. Die leicht schäumende Flüssigkeit zum Kochen bringen und ca. 5 min lang köcheln. Vorsicht, die Mischung kocht leicht über! Um das zu verhindern, eventuell ein paar Tropfen kaltes Wasser auf den Schaum verteilen. Immer wieder umrühren, damit nichts anbrennt.
6. Ein großes Sieb mit einem dünnen Tuch (Leinen-, Baumwollgeschirrtuch oder eine Stoffwindel) auskleiden.
7. Das Sieb über eine Schüssel hängen, die Sojapüreemischung ins Sieb gießen.
8. Die Sojamilch tropft nun in die Schüssel, und im Sieb bleiben die Schalenteile (Okara). Diese so gut wie möglich ausdrücken, z. B. mit der Rückseite eines Schöpflöffels, oder das Tuch fest zusammendrehen.
9. Die Sojamilch zurück in den Topf geben, nochmals für 8 min köcheln, dabei ab und zu umrühren.
10. Abkühlen lassen und kalt stellen.

Kann man den Pressrückstand verwerten?

Wird Sojamilch hergestellt, bleibt das Okara im Sieb zurück. Okara ist recht schwer verdaulich. Man kann es in kleinen Mengen unter fleischlose Burger oder Füllungen mischen. Vor der Weiterverarbeitung eventuell kurz anrösten. In Japan wird damit auch gebacken, z. B. kleine Muffins, die neben Mehl einen Okaraanteil haben. Bei uns wird Okara hauptsächlich als Viehfutter verwendet.

Tofu selbst machen

Das Prinzip ist einfach: Heiße Sojamilch wird durch ein Gerinnungsmittel zum Ausflocken gebracht. Der „Sojabruch" kommt in Setzkästen, tropft ab, wird gepresst und fertig ist der Tofu. Der Vorteil des Selbermachens: Die Presszeit kann angepasst werden, kürzeres Pressen ergibt einen weichen Tofu, längeres macht ihn fester. Als Gerinnungsmittel wird Nigari verwendet, das traditionell aus Meerwasser gewonnen wird. Unraffiniertes Nigari besteht hauptsächlich aus Magnesiumchlorid, enthält aber über 100 weitere Mineralsalze. Eines davon ist für den bitteren Geschmack des Nigaris verantwortlich, darum ist es wichtig, die Nigarimenge genau abzuwiegen.

Zutaten für ca. 550 g:

350 g Sojabohnen
3 L Wasser
16 g Nigari

Zubereitung:

1. Sojamilch herstellen nach Rezept auf S. 59 (Zubereitungsschritte 1 bis 9).
2. Den Topf vom Herd nehmen. Die Sojamilch auf 80 °C abkühlen lassen.
3. Nigari in 450 ml kaltes Wasser rühren und vollständig auflösen. In 3 Portionen à 150 ml teilen.
4. Damit die Sojamilch möglichst gut gerinnt und sich große Flocken von Sojabruch bilden, muss die Nigari-Lösung sorgsam eingerührt werden. Die Sojamilch mit einem großen Spatel ca. siebenmal im Uhrzeigersinn und siebenmal gegen den Uhrzeigersinn rühren, dabei ein Drittel der Nigari-Lösung in die Sojamilch rühren. Die Sojamilch noch einige Male langsam umrühren, dabei auch den Boden und die Wände des Topfes erreichen.
5. Den Spatel senkrecht in den Topf stellen, kurz warten, bis die Sojamilch zum Stillstand kommt.
6. Das zweite Drittel der Nigarilösung über den Rücken des Spatels gleichmäßig auf der Oberfläche der Sojamilch verteilen.
7. Den Topf zudecken und die Sojamilch 3–5 min gerinnen lassen.

➲

Fortsetzung auf der nächsten Seite ➲

8. Die restliche Nigari-Lösung sehr vorsichtig in die noch milchig-trüben Stellen des Sojabruchs rühren. Darauf achten, dass die Lösung nur in die oberste Schicht (ca. 2 cm) gerührt wird. Topf zudecken. Sojabruch 3 min lang stehen lassen. Wenn die Sojamilch schon vor diesem Schritt ganz geronnen und die Molke klar ist, muss die letzte Portion Nigarilösung nicht untergemischt werden.
9. Die oberste Schicht des Sojabruchs zuerst ca. 30 Sekunden lang vorsichtig umrühren. Dann mehrmals vorsichtig mit dem Spatel bis auf den Boden stechen. Sollte sich am Boden des Topfes noch Sojamilch befinden, kann diese aufsteigen und gerinnen. Ganz wichtig: Darauf achten, dass die Sojabruch-Flocken ganz bleiben.
10. Sanft umrühren, bis die Sojamilch ganz geronnen ist und sich dichte Flocken gebildet haben, die in einer gelblichen, fast klaren Molke schwimmen.
11. Den Presskasten mit einem dünnen Presstuch auskleiden. Kuchengitter auf einen großen Topf oder ins Spülbecken stellen. Presskasten daraufstellen, so kann der Tofu gut abtropfen.
12. Ein feines Sieb in den Topf mit dem Tofubruch halten, die Molke, die sich darin ansammelt, abschöpfen und in den Presskasten gießen. So lange damit fortfahren, bis möglichst viel Molke abgeschöpft ist und im Topf ein relativ zusammenhängender Sojabruch zurückbleibt.
13. Den Tofubruch vorsichtig mit einem Schöpflöffel in das Presstuch heben. Darauf achten, dass die großen Flocken ganz bleiben.
14. Presstuch über dem Tofubruch zusammenschlagen. Pressdeckel daraufsetzen. Obenauf ein ca. 1 ½ kg schweres Gewicht geben.
15. Für weichen Tofu beträgt die Presszeit ca. 15–20 min, für festen etwas länger.
16. Den Tofu, in kaltem Wasser schwimmend, zugedeckt im Kühlschrank lagern. Tofu hält sich 3–4 Tage. Das Wasser täglich wechseln.

Fermentierter Tofu

Mehr Geschmack durch Fermentieren – einfacher geht es nicht. Durch das Fermentieren mit Shio-Koji wird der Tofu bereits nach drei Tagen fein-würzig, bekommt eine leichte Süße, dazu eine feine Säure und gewinnt ein breites Spektrum an Aromen. Fermentieren macht Tofu auch weicher. Shio-Koji ist eine weißliche Flüssigkeit aus Koji (S. 46), fermentiertem Reis, Wasser und Salz und ist in Asia-Lebensmittelgeschäften, Fermentiershops oder online erhältlich.

Zutaten für ca. 200 g:

200 g Tofu Natur, Würfel (maximal 2 cm Seitenlänge)
2 EL Shio-Koji

Zubereitung:

Den Tofu mit dem Shio-Koji gut vermischen und in einem Glas gut verschlossen 2–4 Tage in den Kühlschrank stellen.

Einer für vieles

Fermentierten Tofu wie Käse zerbröselt über Salate (S. 105), Pasta (S. 219) und Gemüsegerichte streuen. Auch die Füllungen für Käsekuchen (S. 263) und Aufstriche, z. B. Liptauer (S. 75) können damit zubereitet werden.

Wer gerne Feta, den griechischen Schafskäse, isst, beträufelt den fermentierten Tofu noch mit ein paar Tropfen Zitronensaft.

Frosti-Tofu

Wird Tofu eingefroren, gewinnt er dadurch eine neue Konsistenz und das eröffnet ganz neue kulinarische Möglichkeiten. Der Arbeitsaufwand für Frosti-Tofu ist minimal. Aufgetaut und leicht ausgedrückt, kann der Tofu Aromen besonders gut aufnehmen, wird in Suppen und Soßen gesimmert und schmeckt auch paniert als knuspriges Schnitzel. Ob fester oder weicher Tofu Natur, Seidentofu oder Räuchertofu, sämtliche Sorten eignen sich für diese Kältebehandlung.

Zutaten für ca. 200 g:

250 g Tofu Natur
oder
300 g Seidentofu

Außerdem
Gefrierbehältnisse

Zubereitung:

1. Den Tofu Natur oder Seidentofu in ein Gefrierbehältnis geben und einfrieren.
2. Den entstandenen Frosti-Tofu vor der Verarbeitung auftauen, leicht ausdrücken und in die gewünschte Form schneiden.

Geschnitten einfrieren

Praktisch ist es, festen Tofu schon geschnitten einzufrieren, den dann kann der Frosti-Tofu auch für kleine Portionen entnommen werden. Dafür die Tofuwürfel oder -scheiben zuerst nebeneinander auf einen Teller legen, gefrieren lassen und dann in Gefrierbehältnisse geben. Seidentofu portionsweise in kleinen Behältnissen einfrieren.

Ideal für die Vorratshaltung

Tofu ist, da sehr eiweißreich, leicht verderblich. Sobald die Vakuumverpackung geöffnet ist, hält er sich im Kühlschrank nur wenige Tage, selbst wenn es sich dabei um pasteurisierten Tofu handelt. Wenn also beim Kochen nicht die ganze Packung verwendet wird, das Ablaufdatum auf der verschlossenen Packung bald erreicht ist oder kostbarer selbst gemachter Tofu übrig ist, empfehle ich, einfach einen Vorrat an Frosti-Tofu anzulegen.

Sojajoghurt

Ob Müsli, Salatdressing oder Dessert – Sojajoghurt kann in jedem Rezept die beliebte Variante aus tierischer Milch ersetzen.

Zutaten für ca. 800 g:

110 g Sojabohnen
1 L Wasser
Joghurtferment für 1 L Pflanzenmilch

Zubereitung:

1. Sojamilch nach Anleltung auf S. 59 aus Sojabohnen und Wasser herstellen. Gekaufter Sojadrink ohne Zusätze funktioniert meistens auch.
2. Die selbstgemachte Sojamilch am Ende jedoch nicht kalt stellen, sondern auf 35 °C abkühlen lassen. Alternativ bereits erkaltete Milch auf 35 °C erwärmen.
3. Joghurtferment in 150 ml Sojamilch auflösen. Die Mischung in die restliche Sojamilch rühren.
4. Die Sojamilch in Gläschen füllen, verschließen und im Joghurtbereiter 12–14 Stunden fermentieren lassen.
5. Den stichfesten Joghurt abkühlen lassen und kalt stellen.

Sojajoghurt aus der Thermoskanne

1. Die Thermosflasche (800 ml) mit kochendem Wasser füllen, einige Minuten erwärmen lassen. Wasser komplett abgießen.
2. Die Sojamilch auf 35 °C abkühlen oder erwärmen. Joghurtferment in 150 ml Sojamilch auflösen und die Mischung in die restliche Sojamilch rühren.
3. Die Sojamilch in die Thermosflasche füllen, diese verschließen und 12–14 Stunden fermentieren lassen.
4. Den Joghurt in ein Glas füllen, abkühlen lassen, kalt stellen.

Für dezent süßen Geschmack

1 TL braunen Zucker in die 35 °C warme Sojamilch rühren und diese nach Anleitung fermentieren lassen.

Cremiger Sojajoghurt mit Nussmus

Für eine zart schmelzende Konsistenz den fertigen Sojajoghurt mit etwas Nussmus cremig mixen.

Cremiger Sojajoghurt – abgetropft und gemixt

Sieb mit einem Geschirrtuch ausschlagen, fertigen Sojajoghurt darin ca. 20 Minuten abtropfen lassen und mit dem Mixstab cremig mixen.

Veganer Quark

Tofu, Sojasahne, Sojajoghurt und eine Prise Salz sind die Grundzutaten für diesen veganen Quark. Er lässt sich zu pikanten Brotaufstrichen verarbeiten oder mit Fruchtpürees zu leichten Desserts mixen. Auch Kuchen, Torten, Gratins, süße und pikante Knödel werden mit veganem Quark besonders schmackhaft.

Zutaten für 300 g:

150 g fester Tofu Natur, kleine Stücke
50 g Sojajoghurt, ungesüßt
30 g Sojasahne
Salz

Zubereitung:

Im Multizerkleinerer Tofu, Sojajoghurt, Sojasahne und eine gute Prise Salz zu Quark verarbeiten und so lange mixen, bis der Quark vollkommen glatt ist.

Es muss stark gemixt werden

Ganz glatt gelingt der Quark in einem starken Standmixer oder einem zylinderförmigen Multizerkleinerer oder Cutter. Mit dem Mixstab zubereitet, kann der vegane Quark etwas bröselig werden. Aber auch diese Variante eignet sich zur Weiterverarbeitung. In Österreich ist z. B. ein gröberer Quark unter dem Namen „Bröseltopfen“ erhältlich. Dieser wird bevorzugt für warme Süßspeisen und Kuchen verwendet.

Veganer Quark mit Nussmus

Zutaten für 300 g:

150 g fester Tofu Natur, kleine Stücke
50 g Sojajoghurt, ungesüßt
30 g Nussmus
Salz

Zubereitung:

Im Multizerkleinerer Tofu, Sojajoghurt, Nussmus und eine Prise Salz zu glattem Quark verarbeiten. So lange mixen, bis der Quark völlig glatt ist.

Zutaten nach Bedarf anpassen

Je nachdem, ob der Quark für das Rezept fester oder weicher sein soll, die Menge für Tofu erhöhen (festerer Quark) oder mehr Sojajoghurt, Sojasahne oder Nussmus verwenden (weicherer Quark oder Quarkcreme).

STREET-
FOOD

Räuchertofu-Mandel-Aufstrich

Mit Mandelmus gemixt, wird dieser Aufstrich besonders cremig. Für den reinen Genuss empfehle ich, hundertprozentiges Mandelmus zu verwenden und dieses vor der Verarbeitung gut umzurühren, da sich an der Oberfläche Öl absetzen kann. Braunes Mandelmus aus gerösteten Mandeln macht den Aufstrich besonders aromatisch. Auch mit Haselnussmus lässt sich der Aufstrich hervorragend zubereiten.

Zutaten für ca. 250 g:

- **200 g** Räuchertofu, kleine Würfel
- **2 EL** Olivenöl
- **2 EL** reines Mandelmus
- **1 EL** Dijonsenf
- **½ TL** Balsamicoessig
- Muskat
- Salz, Pfeffer
- **1 TL** Ingwer, fein gehackt
- **1 EL** Kapern, fein gehackt
- **½** Frühlingszwiebel, fein gehackt

Zubereitung:

1. Räuchertofu, Olivenöl, Mandelmus, Dijonsenf, Balsamicoessig, Muskat, Salz und Pfeffer im Multizerkleinerer zu einer glatten Creme mixen.
2. Ingwer, Kapern und Frühlingszwiebeln dazugeben und nur einen Moment mixen.

Liptauer

Die vegane Variante des beliebten Wiener Heurigenaufstrichs. Damit sich der würzige Geschmack des Liptauers optimal entfalten kann, muss der Tofu ganz vom Aroma der Gewürze durchdrungen sein, darum alles kräftig vermischen.

Zutaten für ca. 250 g:

- **150 g** fester Tofu Natur
- **3 TL** Tomatenmark
- **2 TL** Sojasoße
- **1 TL** Dijonsenf
- **1 TL** edelsüßes Paprikapulver
- Chili
- **¼ TL** Kümmel, zerstoßen
- **1 EL** Sojajoghurt, ungesüßt
- **4 EL** weiche Margarine
- **1 EL** Zwiebel, fein gehackt
- **1 EL** Essiggurken, Würfel
- **1 TL** Kapern, fein gehackt
- Salz

Zubereitung:

1. Den Tofu mit der Gabel sehr fein zerbröseln.
2. Den Tofu mit Tomatenmark, Sojasoße, Senf, Paprikapulver, Chili und Kümmel gut verrühren, bis eine kompakte Masse entsteht.
3. Sojajoghurt und Margarine dazugeben, alles zu einem festen, cremigen Aufstrich vermischen.
4. Zwiebeln, Essiggurken und Kapern unterrühren, Liptauer mit Salz und einer Prise Chili abschmecken.

Miso-Zitronen-Butter

Ein blitzschnell zubereiteter Aufstrich, vielfach erprobt und gut angekommen, auch bei größeren Veranstaltungen. Die Miso-Zitronen-Butter-Brötchen auch mit reichlich Schnittlauch bestreuen oder mit Gurken-, Tomaten- und Radieschenscheiben belegen.

Zutaten für ca. 120 g:

- **20 g** braunes Miso (Mugi-Miso)
- **1 EL** Zitronensaft
- **Schale** von ¼ Biozitrone, abgerieben
- **80 g** weiche Butter oder Margarine

Zubereitung:

1. Miso, Zitronensaft und Zitronenschale gut vermischen.
2. Die entstandene Misocreme und Butter zu einem glatten Aufstrich verrühren.

Pikante Variante Eine fein gehackte Knoblauchzehe unter die Miso-Zitronen-Butter rühren und geröstetes Brot damit bestreichen oder die Miso-Knoblauch-Zitronen-Butter zu gegrilltem Gemüse oder Ofenkartoffeln essen.

Kürbis-Miso-Aufstrich

Zutaten für ca. 300 g:

- **400 g** Hokkaido-Kürbis, Würfel
- **4 EL** Öl
- **2 EL** Sojasoße
- **½ TL** Koriander, zerstoßen
- Chili
- **2** Knoblauchzehen, fein gehackt
- **40 g** braunes Miso (Mugi-Miso)
- **1 EL** Zitronensaft
- **1 TL** Ingwer, fein gehackt
- **1 EL** gerösteter Sesam, zerstoßen
- Salz

Zubereitung:

1. Den Backofen auf 180 °C (Umluft: 160 °C) vorheizen. Backblech mit Backpapier belegen.
2. Kürbis in eine Schüssel geben. Öl, Sojasoße, Koriander, Chili und Knoblauch verrühren und mit dem Kürbis vermischen.
3. Den Kürbis auf dem Backpapier verteilen, im vorgeheizten Ofen ca. 20 min braten, sodass der Kürbis weich wird und Flüssigkeit verliert.
4. Mit dem Mixstab Kürbis, Miso, Zitronensaft, Ingwer und Sesam zu einer feinen Creme verarbeiten. Aufstrich mit Salz abschmecken.

Sandwichtofu Zwiebel-Balsamico

Tofu, in kräuter-würziger Marinade eingelegt, ist ein Allroundtalent – und praktisch noch dazu. Fix und fertig wartet er im Kühlschrank, bis der große Hunger ausbricht, muss dann nur noch kurz gebraten werden und schmeckt heiß und kalt. Dieses Rezept ist vielfach getestet, z. B. bei einem Straßenfest auf meinem lokalen Markt, wo wir in kurzer Zeit 300 glückliche Abnehmer mit Sandwichtofu-Brötchen und Tofumayo versorgt haben.

Zutaten für 500 g:

Marinade

150 ml Wasser
1 Zwiebel, dünne Scheiben
Schale von ½ Biozitrone, abgerieben
2 EL Öl
3 EL Balsamicoessig
4 EL Sojasoße
½ TL Basilikum
½ TL Liebstöckel
½ TL Thymian
½ TL Fenchel
6 schwarze Pfefferkörner

Tofu

500 g Tofu Natur, 8 mm dünne Scheiben
Öl zum Braten

Zubereitung:

1. In einem kleinen Topf alle Zutaten für die Marinade zum Kochen bringen und zugedeckt 7 min lang köcheln.
2. Den Tofu in einer Schüssel mit der kochend heißen Marinade übergießen, abkühlen lassen und im Kühlschrank für mindestens 3 Stunden durchziehen lassen.
3. Den Tofu aus der Marinade nehmen, abtropfen lassen. Etwas Öl in einer beschichteten Pfanne erhitzen. Den Tofu auf beiden Seiten braten.

- Gebratener Sandwichtofu macht sich vorzüglich auf knusprigem Toast, vor allem, wenn er als Begleitung Salatblättchen, Tomatenscheiben und Zwiebelringe hat (wie auf unserem Foto). Besonders saftig wird es mit einem Klacks Tofumayo (S. 81).
- Gebratener Sandwichtofu schmeckt auch kalt mit Senf und Essiggürkchen auf dem Pausenbrot.

Tofumayonnaise – Grundrezept mit Variationen

Tofumayo hat die Konsistenz von „echter" Mayonnaise, ist aber garantiert cholesterinfrei und fettarm. Am besten gelingt sie in einem Multizerkleinerer. Für ein optimales Ergebnis kräftig mixen, bis die Mayo vollkommen glatt ist.

Zutaten für ca. 250 g:

150 g Tofu Natur, Würfel
1 EL Apfelessig
3 EL Zitronensaft
1 EL Dijonsenf
2 TL brauner Zucker
3–5 EL Wasser
Schale von ½ Biozitrone, abgerieben
Salz, Pfeffer

Zubereitung:

Im Multizerkleinerer alle Zutaten zu einer glatten, cremigen Mayonnaise verarbeiten.

Kräutermajo 4 EL fein gehackte Kräuter (Basilikum, Petersilie, Dill, Schnittlauch, Minze) untermischen.
Cocktailsoße 2–3 EL passierte Tomaten und ½ TL gehackten Ingwer untermischen.
Sauce tartare 1 fein gehackte Essiggurke, 2 TL gehackte Kapern und 1 EL gehackte Petersilie untermischen.

Ingwer-Limetten-Mayo

Zutaten für ca. 200 g:

150 g Seidentofu
1 EL Balsamicoessig
3 EL Limettensaft
1 TL frischer Ingwer, fein gehackt
Schale von ½ Biolimette, abgerieben
4 EL Olivenöl
1 EL Dijonsenf
2 TL brauner Zucker
Salz, Chili

Zubereitung:

Mit dem Mixstab alle Zutaten zu einer glatten, cremigen Mayonnaise verarbeiten.

Herzhafte Tofuburger

Die kross gebratenen kleinen Burger schmecken heiß und kalt, prima auch für das Mittagessen außer Haus. Einfach ein Brötchen damit belegen, dazu Essiggurken, Salatblättchen und Paprika. Wichtig für den Erfolg: Die Tofumasse am besten mit den Händen fest verkneten und kleine, dünne Burger formen. Darauf achten, dass die Ränder glatt sind, dann saugen die Burger beim Braten kein Fett auf.

Zutaten für 4 Portionen:

2 EL Öl
1 kleine Zwiebel, fein gehackt
2 Knoblauchzehen, fein gehackt
150 g Tofu Natur
150 g Räuchertofu
2 EL Karotte, grob geraspelt
2 EL Petersilie, fein gehackt
1 ½ EL Sojasoße
2 TL Dijonsenf
2 EL Semmelbrösel
1 EL Weizenmehl
Muskat
Salz
Chili
Öl zum Braten

Zubereitung:

1. Öl in einer Pfanne erhitzen, Zwiebeln darin glasig dünsten, dann unter Rühren goldbraun braten.
2. Tofu und Räuchertofu mit der Gabel fein zerdrücken.
3. Den Tofu, Räuchertofu, Zwiebeln, Knoblauch, Karotten, Petersilie, Sojasoße, Senf, Semmelbrösel und Mehl vermischen und mit Muskat, Salz und Chili würzen.
4. Damit die Burger gut zusammenhalten, alles mit den Händen zu einer kompakten, geschmeidigen Masse verkneten und für ca. 30 Minuten kalt stellen.
5. Kleine Burger formen (ca. 6 cm Durchmesser). Der Vorteil der kleinen Burger: Sie sind leichter zu braten, und du bekommst besonders viel leckere, knusprige Kruste.
6. Das Öl in einer beschichteten Pfanne erhitzen. Die Burger auf beiden Seiten bei mittlerer Hitze goldbraun braten und auf Küchenpapier abtropfen lassen.

Der perfekte, vegane Burger (siehe Foto) Burgerbrötchen halbieren, mit Salatblättchen, zwei bis drei kleinen Tofuburgern, Tomaten, Essiggurken und Zwiebelringen belegen. Obenauf einen Klacks Tofumayo (S. 81) oder Tomaten-Aprikosen-Ketchup (S. 85) geben und mit der oberen Brötchenhälfte abschließen.

Tempehchips

In dünne Streifen geschnittenes Tempeh wird zuerst in Knoblauchwasser mariniert, dann in Öl goldbraun ausgebacken. Tempehchips schmecken mit Tomaten-Aprikosen-Ketchup als Vorspeise, werden über Salate gestreut und bringen den begehrten Crunch in üppige Bowls.

Zutaten für 4 Portionen:

250 g Tempeh, ½ cm dünne Streifen

Marinade

4 Knoblauchzehen, gepresst
½ TL Koriander, zerstoßen
Muskat
½ TL Salz
250 ml kaltes Wasser

Dazu

Öl zum Frittieren

Zubereitung:

1. Tempeh in eine kleine Schüssel legen.
2. Alle Zutaten für die Marinade vermischen, das Tempeh damit übergießen und ca. 20 min lang marinieren lassen.
3. Das Tempeh aus der Marinade nehmen, abtropfen lassen und mit Küchenpapier abtupfen.
4. Reichlich Öl erhitzen. Das Tempeh darin goldbraun frittieren. Nicht zu viele Tempehstreifen auf einmal ins Öl geben, es schäumt sonst über. Die Tempehchips auf Küchenpapier abtropfen lassen.
5. Zu den Chips schmeckt der Tomaten-Aprikosen-Ketchup.

Tomaten-Aprikosen-Ketchup

Zutaten für ca. 400 g:

2 EL Öl
1 kleine Zwiebel, fein gehackt
400 g geschälte Tomaten, Würfel (z. B. aus der Dose)
70 g getrocknete Softaprikosen, Stücke
1 EL Apfelessig
3 Pimentkörner, zerstoßen
½ TL Salz
Chili

Zubereitung:

1. Öl erhitzen. Zwiebeln darin zuerst glasig dünsten, dann unter Rühren goldbraun rösten.
2. Tomaten, Softaprikosen, Essig, Piment, Salz und eine Prise Chili untermischen, alles für ca. 7 min köcheln und mit dem Mixstab fein pürieren.

Schlaue Vorratshaltung Gleich eine größere Menge Tomaten-Aprikosen-Ketchup zubereiten, in sterilisierte Gläser füllen und sofort gut verschließen. Tomaten-Aprikosen-Ketchup passt auch zu Riesenkartoffelchips (S. 173), Frosti-Tofu-Schnitzel (S. 191) und Tempehkebab (S. 89).

Wrap mit Smoky-Paprika-Tofu

Dieses beliebte Streetfood lässt sich ganz einfach in der eigenen Küche zubereiten und ist bestens geeignet für ungezwungene Essenseinladungen und auch besonders für Kindergeburtstage. Alle Zutaten für die Füllung kommen auf den Tisch, und alle Gäste wickeln sich ihre Wraps selbst.

Zutaten für 4 Portionen:

Tofu

250 g Tofu Natur
2 EL Olivenöl
1 kleine Zwiebel, gehackt
2 Knoblauchzehen, fein gehackt
½ TL Kreuzkümmel, zerstoßen
½ TL Koriander, zerstoßen
Chili
3 EL Sojasoße
2 TL Tomatenmark
1 TL geräuchertes, edelsüßes Paprikapulver

Tortillas

4 Weizentortillas
50 g Rucola
½ rote Paprika, Streifen
100 g Gurke, Würfel
2 Frühlingszwiebeln, feine Ringe
8 EL Salsa picante (siehe unten)

Zubereitung:

1. Tofu mit der Gabel fein zerdrücken. Öl in einer beschichteten Pfanne erhitzen. Zwiebeln darin zuerst weich dünsten, dann unter Rühren goldgelb braten. Knoblauch, Kreuzkümmel, Koriander und Chili untermischen, kurz unter Rühren braten.
2. Den Tofu untermischen und kurz unter Rühren braten. Sojasoße, Tomatenmark und Paprikapulver unterrühren und unter Rühren weiterbraten, bis der Tofu bröselig-trocken ist. Eventuell mit Salz abschmecken.
3. In die Mitte jeder Tortilla etwas Rucola streuen, darauf Smoky-Paprika-Tofu, Paprika, Gurke, Frühlingszwiebeln und Salsa picante geben. Die Tortillas auf einer Seite etwas einschlagen, dann die Seiten links und rechts über der Füllung zusammenklappen. So lässt sich die Tortilla bequem aus der Hand essen.

Salsa picante

300 g Tomaten, kleine Stücke
½ Zwiebel, fein gehackt
2 Knoblauchzehen, fein gehackt
2–3 Chilischoten, fein gehackt
½ TL Kreuzkümmel, zerstoßen
1 TL Oregano
Salz

Alle Zutaten vermischen, danach mit Salz abschmecken und durchziehen lassen. Ergibt ca. 350 g Salsa.

Tempehkebab

Aus der Hand in den Mund, so schmeckt das Tempehkebab besonders lecker und kommt auch bei kleinen Feinschmeckern gut an.

Zutaten für 4 Portionen:

200 g	Tempeh
200 g	mehlige Kartoffeln, gekocht und fein geraspelt
1 ½ EL	Weizenmehl
1	Zwiebel, fein gehackt
2	Knoblauchzehen, fein gehackt
2 EL	Sojasoße
½ TL	Koriander, zerstoßen
1 TL	frischer Ingwer, fein gehackt
Schale	von ½ Biozitrone, abgerieben
	Muskat
	Salz
	Pfeffer
	Öl zum Braten

Zubereitung:

1. Tempeh mit der Gabel fein zerdrücken (oder grob raspeln). Tempeh, Kartoffeln, Mehl, Zwiebeln, Knoblauch, Sojasoße, Koriander, Ingwer und Zitronenschale gut vermischen.
2. Die Masse mit Salz, Pfeffer und Muskat herzhaft abschmecken, kräftig mit den Händen verkneten und für ca. 30 min kalt stellen.
3. Kleine Bällchen formen und auf ca. 2 cm Höhe plattdrücken.
4. In einer beschichteten Pfanne reichlich Öl erhitzen, Tempehburger darin auf beiden Seiten knusprig goldbraun braten und auf Küchenpapier abtropfen lassen.

Tempehkebab de luxe für 4 Pitabrote 150 g Rotkraut fein hobeln, 100 g Karotten grob raspeln, alles mit 3 EL Zitronensaft und Salz vermischen. ½ rote Zwiebel in feine Ringe schneiden. 80 g Rucola klein zupfen. Die Brote mit Rucola, Rotkraut, Karotten, Zwiebeln und je 3 Tempeh-Kebabs füllen. Obenauf einen Klacks Sesamsoße geben.

Sesamsoße

150 g	Sojajoghurt, ungesüßt
1 EL	Sesammus (Tahin)
1 TL	Sojasoße
1 TL	Zitronensaft
2	Knoblauchzehen, gehackt
	Chili

Alle Zutaten vermischen, danach mit Salz abschmecken. Ergibt ca. 180 g Soße.

Sommerrollen

Eine leichte Vorspeise, die auch zum Hauptgericht aufsteigen kann. Ganz wichtig: Die Sommerrollen erst unmittelbar vor dem Essen zubereiten, damit die Füllung erfrischend knackig bleibt und die Hülle nicht trocken wird.

Zutaten für 8 Stück:

40 g Sojagranulat
2 EL Öl
½ Zwiebel, fein gehackt
3 Knoblauchzehen, fein gehackt
Salz
2 ½ EL Sojasoße
1 TL Ingwer, fein gehackt
¼ TL Koriander, gemahlen
2 TL geröstetes Sesamöl
100 g feine Reisnudeln
8 Blätter Reispapier
30 Kräuterblättchen (Minze, Koriander, Basilikum)
½ Bund Schnittlauch
200 g Gurke, dünne Streifen, ca. 6 cm lang
200 g Karotten, dünne Streifen
½ rote Paprika, Streifen
2 EL geröstete Erdnüsse, gehackt
8 Blätter Salat, feine Streifen

Zubereitung:

1. Sojagranulat mit 200 ml kaltem Wasser übergießen, 15 min lang quellen lassen, in ein Sieb abgießen und abtropfen lassen.
2. Öl in einer Pfanne erhitzen. Zwiebeln und Knoblauch darin unter Rühren kurz anbraten. Das Sojagranulat untermischen, unter Rühren kurz mitbraten. Sojasoße, Ingwer und Koriander unterrühren, unter Rühren braten, bis die Sojasoße verdampft ist, mit Sesamöl würzen.
3. Die Reisnudeln mit warmem Wasser übergießen (sie sollen ganz bedeckt sein), für 10 min quellen lassen, in ein Sieb abgießen. Salzwasser zum Kochen bringen. Die Reisnudeln darin 2 min kochen, abgießen und kalt abschrecken. Wenn die Sommerrollen nicht gleich zubereitet werden, die Nudeln mit ½ EL Öl vermischen.
4. Unmittelbar vor dem Essen die Reispapierblätter einzeln und nur kurz in kaltes Wasser tauchen, leicht abschütteln und auf einen großen flachen Teller legen.
5. In die Mitte des Reispapiers einige Kräuterblättchen und Schnittlauchstängel legen, darauf Glasnudeln, Gurken, Karotten, Paprika, Sojagranulat, Erdnüsse und Salatstreifen geben. Reispapier seitlich einschlagen und aufrollen. Die Sommerrollen z. B. mit köstlich-fruchtigem Pflaumendip servieren.

Pikanter Pflaumendip

4 EL Pflaumenmus
1 EL Weißweinessig
2 EL Limettensaft
1 TL frischer Ingwer, fein gehackt
Chili, Salz

Alle Zutaten gründlich zu einem Dip verrühren.

Natto-Pancakes

Natto (S. 50) ist ein traditionelles Sojaprodukt aus ganzen, fermentierten Sojabohnen mit kräftigem Geschmack. Pancakes werden mit Natto besonders herzhaft. Sie schmecken heiß mit Dips oder als Beilage zu Gemüsegerichten und Salaten; kalt sind sie z. B. ein würziger Belag für das Sandwich zum Mitnehmen.

Zutaten für 2 Portionen:

100 g Natto
80 ml Wasser
40 g Kichererbsenmehl
2 EL Sojasoße
2 Frühlingszwiebel, feine Ringe
1 Knoblauchzehe, fein gehackt
1 TL frischer Ingwer, fein gehackt
Muskat, Chili
Öl zum Braten

Zubereitung:

1. Natto mit Kichererbsenmehl, Wasser und Sojasoße gut verrühren, Fühlingszwiebeln, Knoblauch und Ingwer untermischen, mit Muskat und Chili würzen. Die Masse 15 min lang ziehen lassen.
2. Öl in einer beschichteten Pfanne erhitzen. Pro Pancake einen Esslöffel der Masse in die Pfanne geben und etwas ausstreichen. Die Nattopuffer auf beiden Seiten knusprig goldbraun braten.

Ingwer-Knoblauch-Dip und Zitronen-Karotten

Zutaten für 2 Portionen:

150 g Sojajoghurt, ungesüßt
1 TL frischer Ingwer, fein gehackt
1 Knoblauchzehe, fein gehackt
Muskat
Salz, Pfeffer
200 g Karotten, grob geraspelt
2 EL Zitronensaft
2 TL Öl

Zubereitung:

1. Für den Dip Sojajoghurt, Ingwer, Knoblauch, Muskat, Salz und Pfeffer verrühren.
2. Karotten, Zitronensaft und Öl vermischen, mit Salz und Pfeffer abschmecken.

Empanadas mit Paprika-Soja-Hack

Mit lecithinreichem Sojadrink gelingt Hefeteig besonders gut und flaumig! Ich empfehle, unbedingt ungesüßten Sojadrink dafür zu verwenden und darauf zu achten, dass der Sojadrink nur lauwarm ist. Die veganen Täschchen lassen sich ganz unterschiedlich und kreativ füllen, die folgenden zwei Rezepte gehören zu meinen Favoriten. Ein Trick, damit sie besonders appetitlich goldbraun werden: Kurkuma mit Wasser verrühren und die Täschchen vor dem Backen damit bestreichen!

Zutaten für ca. 18 Stück:

Teig

250 g Weizenmehl
½ Päckchen Trockenhefe
150 ml Sojadrink, ungesüßt und lauwarm
30 g Olivenöl
½ TL Zucker
1 TL Salz

Füllung

40 g Sojagranulat
4 EL Olivenöl
2 EL Sojasoße
1 Zwiebel, fein gehackt
4 Knoblauchzehen, fein gehackt
1 rote Paprika, sehr kleine Würfel
1 TL geräuchertes Paprikapulver
½ TL Thymian
Chili
¼ TL Kümmel, zerstoßen
5 EL passierte Tomaten
1 TL Apfelessig

Dazu

½ TL Kurkuma
2 EL Wasser

Zubereitung:

1. Aus Mehl, Hefe, Sojadrink, Öl, Zucker und Salz einen geschmeidigen Teig kneten und zugedeckt eine Stunde lang gehen lassen. Backofen auf 200 °C Ober-/Unterhitze (180 °C Umluft) vorheizen. Backblech mit Backpapier belegen.
2. Für die Füllung: Sojagranulat mit 300 ml kaltem Wasser übergießen, 15 min quellen lassen, in ein Sieb abgießen und abtropfen lassen.
3. In einer beschichteten Pfanne 2 EL Olivenöl erhitzen. Das Granulat darin unter Rühren anbraten, die Sojasoße dazugeben, kurz unter Rühren braten und danach aus der Pfanne nehmen.
4. Restliches Öl in der Pfanne erhitzen. Zwiebeln und Knoblauch unter Rühren braten. Paprika untermischen, ebenfalls kurz unter Rühren anbraten. Paprikapulver, Thymian, Chili, Kümmel, passierte Tomaten und Apfelessig unterrühren, unter Rühren kurz braten.
5. In einer Schüssel das Sojagranulat und die Paprikamasse verrühren. Die Füllung mit Salz und Chili abschmecken.
6. Fertigstellung: den Teig ca. 2 mm dünn ausrollen. Mit einer Schüssel (10 cm Durchmesser) Kreise ausstechen. Auf jeden Teigkreis etwas Füllung geben. Jeweils zu einem Halbkreis zusammenklappen und die Ränder leicht andrücken bzw. kleine Laschen einfalten.
7. Die entstandenen Empanadas auf das Backblech legen. Kurkuma und Wasser verrühren. Die Emapanadas damit einstreichen, im vorgeheizten Ofen ca. 18 min lang goldbraun backen. Die Empanadas schmecken sowohl warm als auch kalt.

Empanadas mit Pilzen, Lauch und Tofu

Die knusprigen Teigtäschchen lassen sich gut vorbereiten und sind gut geeignet, um eine größere Gästezahl mit preisgünstigem Fingerfood zu bewirten. Besonders köstlich sind die Empanadas mit würzigen Dips, z. B. Salsa (S. 87), Tofu-Mayo mit Kräutern (S. 81) oder Aprikosen-Tomaten-Ketchup (S. 85).

Zutaten für ca. 18 Stück:

Füllung

130 g	Tofu Natur
1 EL	Sojasoße
1 EL	Cashewmus
2 EL	Olivenöl
200	Lauch, feine Ringe
2 EL	Petersilie, fein gehackt
	Salz
150 g	Champignons, sehr kleine Würfel
4 TL	Semmelbrösel
1 TL	Ingwer, fein gehackt
Schale	von ½ Biozitrone, abgerieben
2 TL	Zitronensaft
	Muskat
	Salz und Pfeffer

Teig

250 g	Weizenmehl
½ Päckchen	Trockenhefe
150 ml	Sojadrink, ungesüßt und lauwarm
30 g	Olivenöl
½ TL	Zucker
1 TL	Salz

Dazu

½ TL	Kurkuma
2 EL	Wasser

Zubereitung:

1. Aus Mehl, Hefe, Sojadrink, Öl, Zucker und Salz einen geschmeidigen Teig kneten und zugedeckt für eine Stunde gehen lassen. Den Backofen auf 200 °C Ober-/ Unterhitze (180 °C Umluft) vorheizen und ein Blech mit Backpapier belegen.
2. Für die Füllung: Tofu mit der Gabel fein zerbröseln, mit Sojasoße und Cashewmus gut vermischen.
3. In einer beschichteten Pfanne 1 EL Olivenöl erhitzen. Den Lauch darin unter Rühren kurz braten, leicht salzen. Petersilie untermischen, ebenfalls kurz braten, dann aus der Pfanne nehmen.
4. In der Pfanne 1 EL Öl erhitzen. Pilze darin unter Rühren kurz braten und leicht salzen.
5. Die Tofumasse, Lauch, Pilze, Semmelbrösel, Ingwer und Zitronenschale gut vermischen. Die Füllung mit Ingwer, Zitronenschale, Zitronensaft, Salz und Pfeffer kräftig würzen.
6. Fertigstellung: den Teig ca. 2 mm dünn ausrollen. Mit einer Schüssel (10 cm Durchmesser) Kreise ausstechen. Auf jeden Teigkreis etwas Füllung geben. Jeweils zu einem Halbkreis zusammenklappen, die Ränder leicht andrücken bzw. kleine Laschen einfalten.
7. Die Empanadas auf das Backblech legen. Kurkuma und Wasser verrühren. Die Emapanadas damit einstreichen, im vorgeheizten Ofen ca. 18 min lang goldbraun backen.

Schlaue Vorratshaltung – Fingerfood aus dem Tiefkühlfach: Die ungebackenen Empanadas zuerst nebeneinander auf einen leicht bemehlten Teller legen und gefrieren lassen, dann in Container packen.

Tomatenbrote mit Dijontofu

Für einen perfekten Brunch oder als schnell zubereitetes Abendessen lassen sich Dijontofu, Tomaten und Frühlingszwiebeln einfach nacheinander in die Pfanne geben, kräftig braten und auf herzhaftes Vollkornbrot schichten. Ein echtes Leibgericht, das spontan entstand, als der Kühlschrank fast leer, der Hunger aber riesengroß war …

Zutaten für 2 Portionen:

Tofu

2 EL Dijonsenf
2 EL Olivenöl
1 ½ EL Sojasoße
2 Knoblauchzehen, gepresst
½ TL Thymian
250 g Räuchertofu, 8 mm dünne Scheiben

Brote

3 Tomaten
2 EL Olivenöl
Salz
6 Frühlingszwiebeln, längs halbiert
2 große Scheiben feines Roggenvollkornbrot
4 EL Gartenkresse

Zubereitung:

1. Für den Tofu: Senf, Olivenöl, Sojasoße, Knoblauch und Thymian zu einer Marinade verrühren. Den Tofu damit auf beiden Seiten bestreichen und etwas marinieren lassen.
2. Für die Brote: Die Tomaten kurz in kochendes Wasser legen, abziehen und in Scheiben schneiden.
3. In einer beschichteten Pfanne ½ EL Öl erhitzen. Die Tomaten darin auf beiden Seiten kurz und kräftig anbraten, leicht salzen, aus der Pfanne nehmen und warm stellen.
4. In der Pfanne ½ EL Öl erhitzen. Frühlingszwiebeln darin unter Rühren kurz braten, leicht salzen, zu den Tomaten geben.
5. Nochmals 1 El Öl in der Pfanne erhitzen, den Tofu darin auf beiden Seiten knusprig braun braten.
6. Die Brote portionsweise auf große Teller legen, Tomaten, Frühlingszwiebeln und Dijontofu daraufgeben und mit Gartenkresse dekorativ bestreuen.

Nacheinander zur Perfektion Tomaten, Frühlingszwiebeln und Dijontofu werden nacheinander kurz in einer beschichteten Pfanne angebraten. So bekommt jede Zutat den perfekten Garpunkt, das ist ein Gewinn sowohl für den Geschmack als auch für die Optik.

SALATE

Cremiges Kräuterdressing

Salate sind echte Allroundtalente auf der gesunden Speisekarte. Sie schmecken als leichter Snack zwischendurch, sättigen als üppiges Hauptgericht und gehören als frische Begleitung zu jeder Mahlzeit. Dazu z. B. dieses leichte Sommerdressing, dessen Zutaten quer durch den Kräutergarten geerntet werden. Das Ungewöhnliche daran ist ein Hauch Liebstöckel, der das Dressing abrundet. Es schmeckt zu Blattsalaten, gemischten Salaten, feiner Rohkost und mariniertem Gemüse.

Zutaten für 4 Portionen:

150 g Seidentofu
1 Bund Petersilie, gehackt
3 EL frische Kräuter, gehackt (Basilikum, Minze, Liebstöckel, Dill)
2 TL Apfelessig
1 EL Zitronensaft
2 EL Öl
Salz
Pfeffer

Zubereitung:

1. Im Mixglas oder mit einem starken Stabmixer aus Seidentofu, Petersilie, Kräutern, Apfelessig, Zitronensaft und Öl ein glattes, cremiges Dressing mixen. In einem starken Mixer gelingt das besonders fluffig.
2. Das Kräuterdressing noch mit Salz und Pfeffer abschmecken.

Orangen-Miso-Dressing mit Sesam

Ein würziges Dressing für abwechslungsreiche Salate. Es mariniert rohe, fein geraspelte Karotten oder junge Spinatblättchen, schmeckt zu Fenchel oder grünen Bohnen und passt selbstverständlich zu zarten Blattsalaten.

Zutaten für 4 Portionen:

2 TL ungeschälter Sesam
2 EL helles Miso (Shiro-Miso)
1 EL weißer Balsamicoessig
Saft von 1 großen Orange
½ TL geröstetes Sesamöl
½ TL frischer Ingwer, fein gehackt
1 TL Öl
Chili

Zubereitung:

1. Sesam in einer trockenen Pfanne kurz anrösten, sofort vom Herd nehmen, wenn die Körnchen anfangen hochzuspringen. Danach im Mörser grob zerstoßen.
2. Miso, Balsamicoessig, Orangensaft, geröstetes Sesamöl, Öl und Ingwer glatt rühren.
3. Den gerösteten Sesam untermischen und das Dressing mit Chili abschmecken.

Melonen-Gurken-Salat mit fermentiertem Tofu

Ein erfrischender, sehr saftiger Sommersalat. Durch das Fermentieren mit Shio-Koji wird der Tofu fein aromatisch-würzig und gewinnt eine leichte Süße, die gut mit Basilikum und Minze harmoniert. Tofu im Kühlschrank zu fermentieren, ist kinderleicht, dauert nur 3–4 Tage und wird auf S. 65 beschrieben.

Zutaten für 4 Portionen:

Tofu

200 g fermentierter Tofu, kleine Würfel
1 Bund Basilikum, fein gehackt
4 Blättchen Minze, gehackt
2 EL Olivenöl
Pfeffer

Dressing

3 EL Zitronensaft
1 EL weißer Balsamicoessig
Salz
Pfeffer
2 EL Olivenöl

Salat

1 kleiner Salatkopf, (z. B. Lollo Rosso oder Frisée), mundgerechte Stücke
1 kleiner Chicorée, Scheiben
250 g Zuckermelone (Charantais oder Cantaloupe), kleine Würfel
250 g Gurke, kleine Würfel
2 Frühlingszwiebeln, feine Ringe

Zubereitung:

1. Fermentierten Tofu mit Basilikum, Minze, Olivenöl und einer Prise Pfeffer vermischen und etwas marinieren lassen.
2. Für das Dressing Zitronensaft, Balsamicoessig, Salz und Pfeffer verrühren. Olivenöl unterrühren.
3. Blattsalat, Chicorée, Zuckermelone, Gurke und Frühlingszwiebeln mit dem Dressing vermischen.
4. Den Salat portionsweise anrichten, den fermentierten Basilikum-Minze-Tofu darauf verteilen.

Varianten

Wenn gerade kein fermentierter Tofu im Kühlschrank wartet, einfach Tofu Natur mit den frischen Kräutern marinieren. Es empfiehlt sich, die etwas kleineren Gärtnergurken zu verwenden. Die krummen Dinger mit der groben Schale bringen mehr typisches Gurkenaroma in den Salat.

Feldsalat mit Räuchertofu und Senfdressing

Feldsalat gedeiht in der kalten Jahreszeit und schmeckt am besten, wenn er frostige Zeiten erlebt hat. Die vitaminreichen, dunkelgrünen Blättchen werden mit Räuchertofu, Sprossen, Gemüse und schnell angerührtem Senfdressing zum Hauptgericht kombiniert. Knabbersoja bringt die begehrte Knusprigkeit in den Salat. Damit die Mahlzeit komplett ist, gibt es dazu Vollkornbrot.

Zutaten für 4 Portionen:

Dressing

8 EL Sojajoghurt, ungesüßt
2 EL Öl
2 EL Zitronensaft
1 EL Apfelessig
2 TL Dijonsenf
¼ TL Ahornsirup oder brauner Zucker
Salz
Pfeffer

Salat

1 Karotte
150 g Feldsalat
150 g Räuchertofu, kleine Würfel
1 rote Paprika, feine Streifen
1 kleine rote Zwiebel, feine Ringe
4 EL Sprossen (Alfalfa, Radieschen, Kresse)
2 EL Knabbersoja oder geröstete Haselnüsse, grob gehackt

Zubereitung

1. Dressing: Sojajoghurt, Öl, Zitronensaft, Apfelessig, Dijonsenf und Ahornsirup glatt rühren. Das Dressing mit Salz und Pfeffer abschmecken.
2. Karotte mit dem Sparschäler in dünne Längsstreifen schneiden.
3. Karotten, Feldsalat, Räuchertofu, Paprika und Zwiebeln in eine Schüssel geben, mit dem Dressing vermischen.
4. Den Salat portionsweise anrichten, mit Sprossen und Knabbersoja bestreuen.

Knabbersoja sind geröstete Sojabohnen. Sie bringen herzhaft-nussigen Geschmack und Knusprigkeit. Knabbersoja gibt es in Supermärkten und Naturkostgeschäften zu kaufen.

Veganer Wurstsalat mit Tomaten-Paprika-Salsa

Ein deftiges, kaltes Hauptgericht. Dieser vegane Wurstsalat ist ideal zum Mitnehmen im Glas und bestens geeignet für das Picknick im Grünen. Der Räuchertofu wird dafür in sehr feine Streifen geschnitten und zuerst separat mariniert. So kann er das kräftige Aroma gut aufnehmen.

Zutaten für 4 Portionen:

300 g Räuchertofu

Marinade

2 EL Senf
2 EL Apfelessig
2 EL Öl
250 ml kaltes Wasser
Salz
Muskat

Salsa

1 gelbe Paprika, kleine Würfel
2 Tomaten, kleine Würfel
4 TL Kapern, gehackt
2 Essiggurken, feine Stifte
2 EL Öl
2 TL Essig
Salz
Pfeffer
1 kleine, rote Zwiebel, feine Ringe
2 EL Petersilie, fein gehackt

Zubereitung:

1. Räuchertofu zuerst in dünne Scheiben (3 mm), dann in feine Streifen schneiden.
2. Marinade: Senf, Apfelessig, Öl und kaltes Wasser mit dem Mixstab glatt mixen, mit Salz und Muskat abschmecken.
3. Den Räuchertofu mit der Marinade übergießen, kalt stellen und für mindestens 30 min ziehen lassen.
4. Salsa: Paprika, Tomaten, Kapern, Essiggurken, Öl und Essig vermischen, mit Salz und Pfeffer abschmecken.
5. Den Räuchertofu aus der Marinade nehmen und gut abtropfen lassen.
6. Den veganen Wurstsalat portionsweise anrichten: Tomaten-Paprika-Salsa in einen tiefen Teller geben, darauf den marinierten Räuchertofu schichten. Den veganen Wurstsalat mit Zwiebelringen und Petersilie bestreuen.

Spargelsalat mit Seidentofu und Frühlingskräutern

Alles Grün, der Frühling kann kommen! Bissfest gegarter Spargel versteht sich gut mit jungem Blattspinat und frischen Kräutern. Sie kommen fein gehackt ins Dressing und als ganze Blättchen in den Salat. Der cremig-weiche Seidentofu bringt einen angenehmen Kontrast in den knackfrischen Salat.

Zutaten für 4 Portionen:

Dressing

4 EL Zitronensaft
1 EL Apfelessig
Salz
Pfeffer
2 EL Olivenöl
Schale von ½ Biozitrone, abgerieben
1 Knoblauchzehe, fein gehackt
3 EL frische Kräuter, fein geschnitten (Petersilie, Basilikum, Minze, Kerbel)

Salat

500 g grüner Spargel
2 EL Olivenöl
20 g frische Kräuter (Kerbel, Basilikum, Minze, Petersilie)
50 g junger, zarter Blattspinat
2 Frühlingszwiebeln, feine Ringe
200 g Seidentofu

Zubereitung:

1. Dressing: Zitronensaft, Essig, Salz und Pfeffer vermischen. Olivenöl nach und nach unterrühren. Zitronenschale, Knoblauch und frische Kräuter untermischen.
2. Spargel längs halbieren (dicken Spargel längs vierteln) und in ca. 5 cm lange Stücke schneiden.
3. Öl in einer beschichteten Pfanne erhitzen, den Spargel darin unter Rühren ca. 3 min lang braten, mit Salz und Pfeffer würzen.
4. Mit 50 ml Wasser aufgießen, Hitze reduzieren. Den Spargel zugedeckt für 3 min dünsten.
5. Den Spargel in eine Schüssel geben und vom Dressing 2 EL beiseitestellen. Das restliche Dressing mit dem Spargel vermischen. Den Salat abkühlen lassen.
6. Die Kräuterblättchen von den Stielen zupfen.
7. Den Spargel mit Kräuterblättchen, Blattspinat und Frühlingszwiebeln vermischen und mit Salz und Pfeffer abschmecken.
8. Den Salat portionsweise anrichten. Aus dem Seidentofu mit dem Esslöffel schöne Klößchen abstechen und auf den Salat geben. Das restliche Dressing auf dem Seidentofu verteilen.

Brokkolisalat mit Sesam-Miso-Tofu

Wird er bissfest gedämpft und eiskalt abgeschreckt, bekommt Brokkoli eine strahlend grüne Farbe und bewahrt sein feines Aroma. Tofu Natur ist die zweite Hauptzutat für diesen sättigenden Salat. Der Tofu wird dafür fein zerbröselt und mit Sesamöl, Miso, Ingwer, Zitronensaft und Chili kräftig vermischt, damit er die Aromen gut aufnimmt.

Zutaten für 4 Portionen:

Tofu

250 g Tofu Natur
2 TL Sesam-Gewürzöl
2 TL helles Miso (Shiro-Miso)
1 TL frischer Ingwer, fein gehackt
2 TL Zitronensaft
Salz
Chili

Salat

500 g Brokkoli, kleine Röschen
3 EL Zitronensaft
2 EL Öl
1 Knoblauchzehe, fein gehackt
2 Frühlingszwiebeln, feine Ringe
6 Blättchen Minze, fein gehackt
Salz
Pfeffer
2 EL gerösteter Sesam, leicht zerstoßen

Zubereitung:

1. Tofu über einem Sieb mit den Händen leicht ausdrücken und zerbröseln.
2. Danach mit Sesam-Gewürzöl, Miso, Ingwer und Zitronensaft gut vermischen, mit Salz und Chili abschmecken und etwas durchziehen lassen.
3. Den Brokkoli in einem Siebeinsatz über Wasserdampf ca. 5 min lang bissfest garen, sofort in eiskaltem Wasser abschrecken und gut abtropfen lassen.
4. Den Brokkoli mit Zitronensaft, Öl, Knoblauch, Frühlingszwiebeln und Minze vermischen, mit Salz und Pfeffer abschmecken und abkühlen lassen.
5. Den marinierten Brokkoli vorsichtig mit dem Sesam-Miso-Tofu vermischen. Den Salat mit geröstetem Sesam bestreuen.

Brokkoli achtsam zu schneiden, bringt den Erfolg

Damit alle Brokkoliröschen gleichzeitig gar sind, müssen sie auch in gleichmäßig kleine Röschen geschnitten werden. Das erfordert zwar etwas mehr Aufmerksamkeit, macht den Salat aber erst so richtig gut.

Rote-Bete-Salat mit Birne und Nussdressing

Wurzel, Frucht und Nuss werden für diesen Salat kombiniert. Mit kräftigen Farben und süßsäuerlichen, erdigen, nussigen Aromen muntert er die Speisekarte in der kalten Jahreszeit auf. Der Rote-Bete-Salat lässt sich gut vorbereiten und eignet sich zum Mitnehmen im Glas. Mit Chicoréeblättchen und Birnenspalten wird er dann erst kurz vor dem Essen garniert.

Zutaten für 4 Portionen:

Salat

500 g junge Rote Bete
2–3 EL Zitronensaft
Schale von ½ Biozitrone, abgerieben
¼ TL Koriander, zerstoßen
Salz
Pfeffer
1 saftige, säuerliche Birne
2 kleine Chicorée, einzelne Blättchen

Dressing

1 ½ EL Haselnuss- oder Cashewmus
2 EL Zitronensaft
100 ml frisch gepresster Orangensaft
80 ml Sojasahne
Salz
Pfeffer

Zubereitung:

1. Rote Bete in reichlich Wasser ca. 20 min lang bissfest kochen (oder im Schnellkochtopf über Wasserdampf für ca. 12 min garen)
2. Die Rote Bete etwas abkühlen lassen, abziehen, noch warm in dünne Scheiben schneiden, mit Zitronensaft, Zitronenschale und Koriander vermischen, mit Salz und Pfeffer abschmecken und etwas durchziehen lassen.
3. Für das Dressing: Mit dem Mixstab Nussmus, Zitronen- und Orangensaft sowie die Sojasahne zu einem glatten Dressing mixen und mit Salz und Pfeffer abschmecken. Die Rote Bete mit dem Dressing vermischen, etwas durchziehen lassen.
4. Die Hälfte der Birne in kleine Würfel schneiden, den Rest in feine Spalten.
5. Die Birnenwürfel mit dem Salat vermischen und mit Salz und Pfeffer abschmecken.
6. Den Rote-Bete-Salat portionsweise mit Birnenspalten und Chicoréeblättchen anrichten.

Zucchini-Couscous-Salat mit Kräutern

Zutaten für 4 Portionen:

3 EL Olivenöl
Salz, Muskat
200 g Couscous
Saft von 2 Zitronen
Schale von ½ Biozitrone, abgerieben
2 Knoblauchzehen, fein gehackt
Pfeffer
200 g kleine, feste Zucchini, Würfel
2 Bund Petersilie, fein gehackt
1 ½ Bund Minze, fein gehackt
3 Frühlingszwiebeln, feine Ringe

Zubereitung:

1. 300 ml Wasser mit 1 EL Olivenöl, ½ TL Salz und einer Prise Muskat in einem kleinen Topf aufkochen. Couscous untermischen, vom Herd nehmen und zugedeckt 5 min lang quellen lassen. Den Couscous mit der Gabel auflockern. Bei Bedarf wenig heißes Wasser untermischen, noch etwas quellen lassen, sodass er körnig locker wird.
2. Den heißen Couscous in eine Schüssel geben, mit Zitronensaft, Zitronenschale, dem restlichen Öl und Knoblauch vermischen, mit Salz und Pfeffer abschmecken und etwas durchziehen lassen.
3. Den Couscoussalat mit Zucchini, Petersilie, Minze und Frühlingszwiebeln vermischen, mit Salz, Pfeffer und Zitronensaft abschmecken.
4. Den Zucchini-Couscous-Salat portionsweise mit dem Granatapfeltofu anrichten.

Granatapfeltofu

Zutaten für 4 Portionen:

250 g Tofu Natur, in kleine Würfel zerteilt
2 EL passierte Tomaten
2 TL Sojasoße
½ TL brauner Zucker
1 Knoblauchzehe, fein gehackt
1 TL Ingwer, fein gehackt
½ TL Kreuzkümmel, zerstoßen
½ TL Koriander, zerstoßen
Muskat
1 EL Öl
Salz
½ Granatapfel, Kerne ausgelöst
8 Salatblätter

Zubereitung:

1. Tofu in eine kleine Schüssel geben. Passierte Tomaten, Sojasoße, Zucker, Knoblauch, Ingwer, Kreuzkümmel, Koriander und Muskat verrühren.
2. Den Tofu mit der Marinade vermischen, kalt stellen und 1 Stunde lang ziehen lassen.
3. Öl in einer beschichteten Pfanne erhitzen. Den Tofu darin unter Rühren anbraten und mit Salz abschmecken.
4. Den Tofu mit Granatapfelkernen vermischen, auf Salatblättern anrichten und auf den Zucchini-Couscous-Salat geben.

Spitzkohlsalat mit Veggiegrammeln

Zutaten für 4 Portionen:

Salat

- **600 g** junger Spitzkohl
- **1 TL** Salz
- **1 TL** Kümmel, zerstoßen
- **2–3 EL** Apfelessig
- **2 EL** Öl
- **3** Frühlingszwiebeln, feine Ringe
- Pfeffer

Grammeln

- **1 EL** Öl
- **200 g** Räuchertofu, kleine Würfel
- Muskat
- **2 TL** Sojasoße

Zubereitung:

1. Spitzkohl sehr fein schneiden (z. B. mit der Brotschneidemaschine oder dem Krauthobel).
2. Das Kraut mit Salz vermischen, durchkneten und mit einem Teller bedecken. Darauf einen schweren Gegenstand stellen (z. B. Kochtopf mit Wasser). Das Kraut mindestens für 1 Stunde ziehen lassen, so wird es weich und bildet eine aromatische Flüssigkeit.
3. Das Kraut mit Kümmel, Essig, ÖL und Frühlingszwiebeln vermischen und mit Pfeffer abschmecken.
4. Für die Grammeln: Öl in einer beschichteten Pfanne erhitzen. Den Räuchertofu darin unter Rühren braten, mit Muskat und Sojasoße würzen und weiter braten, bis die Sojasoße verdampft ist.
5. Die Veggiegrammeln mit dem Kohlsalat vermischen.

Blitzkimchi

Zutaten für 4 Portionen:

- **600 g** junger Spitzkohl
- **1 TL** Salz
- **2 TL** Chiliflocken
- **2 TL** frischer Ingwer, fein gehackt
- **2** Knoblauchzehen, fein gehackt
- **2 TL** Sesamöl
- **2 EL** Apfelessig
- **1 EL** Öl
- **2** Frühlingszwiebeln, feine Ringe
- Veggiegrammeln nach Rezept (siehe oben)

Zubereitung:

1. Siehe oben, Punkt 1 und 2.
2. Das Kraut mit Chiliflocken, Ingwer, Knoblauch, Sesamöl, Essig, Öl und Frühlingszwiebeln gut vermischen.
3. Die Veggiegrammeln untermischen.

Frischer Kimchisalat Rote Chiliflocken, Ingwer, Knoblauch und Sesamöl bringen den typischen Kimchigeschmack. Frisches Kimchi wird auch in Korea gerne gegessen. Die aromatischen roten Chiliflocken gibt es in Asialäden.

Fenchel-Grapefruit-Salat und Tempehknusper

Diese Kombination weckt die Geschmacksnerven. Knackiger Fenchel mit feinem Anisaroma trifft zart-bitteren Radicchio, herb-süße Grapefruit und gebratenes Tempeh mit einem Hauch von Curry. Der Salat eignet sich als Vorspeise oder gleich als Hauptgericht und dazu die Riesenkartoffelchips *(S. 173).*

Zutaten für 2 Portionen:

Salat

1 große rosa Grapefruit
1–2 EL Zitronensaft
1 EL weißer Balsamicoessig
Salz
Pfeffer
2 EL Öl
50 g Radicchio, mundgerechte Stücke
50 g Salatblättchen (Rucola, Postelein, Feldsalat oder Löwenzahn)
1 Fenchelknolle, feine Streifen
2 Frühlingszwiebel, feine Ringe

Tempeh

1 EL Öl
150 g Tempeh, ½ cm dünne Stückchen
¼ TL Currypulver
1 EL Sojasoße

Zubereitung:

1. Salat: Grapefruitschale mit einem scharfen Messer abschneiden, dabei die weiße Haut ganz entfernen.
2. Die Grapefruitspalten zwischen den Trennwänden herausschneiden, dabei den herabtropfenden Saft auffangen. Die Grapefruitspalten in kleine Stücke schneiden.
3. Für das Dressing Grapefruit- und Zitronensaft, Balsamicoessig, Salz und Pfeffer verrühren. Öl unterrühren.
4. Radicchio, Salatblättchen, Grapefruit, Fenchel und Frühlingszwiebeln in eine Salatschüssel geben.
5. Tempeh: Öl erhitzen und das Tempeh darin unter Rühren kurz anbraten, mit einem Hauch Currypulver würzen. Die Sojasoße untermischen und noch kurz unter Rühren braten.
6. Jetzt erst den Salat mit dem Dressing vermischen, portionsweise anrichten und mit dem Tempehknusper bestreuen.

Schwäbischer Kartoffelsalat mit gebratenem Räuchertofu

Das Rezept meiner Kindheit: Kartoffelsalat mit heißer Gemüsebrühe zubereitet, wird besonders saftig und aromatisch. Kalt gepresstes Rapsöl bringt die strahlend goldgelbe Farbe in den Salat und Rotweinessig (nicht etwa Balsamicoessig) die angenehme, frische Säure. Zum herzhaften Hauptgericht wird der Kartoffelsalat mit gebratenen Räuchertofuwürfeln und Radieschensalsa.

Zutaten für 4 Portionen:

Salat

800 g festkochende Kartoffeln
2–3 EL Rotweinessig
2 EL Öl (kalt gepresstes Rapsöl)
150–180 ml heiße Gemüsebrühe
1 kleine rote Zwiebel, fein gehackt
Muskat
Salz
Pfeffer

Tofu

1 EL Senf
2 EL Sojasoße
1 EL Öl
200 g Räuchertofu, kleine Würfel

Zubereitung:

1. Salat: Kartoffeln in der Schale weich dämpfen (sehr rasch geht das im Schnellkochtopf). Die Kartoffeln etwas abkühlen lassen, abziehen und in dünne Scheiben schneiden.
2. Die noch warmen Kartoffeln mit Essig, Öl, Gemüsebrühe und Zwiebeln vermischen. Den Kartoffelsalat mit Muskat, Salz und Pfeffer abschmecken und etwas durchziehen lassen.
3. Den Tofu mit Senf und Sojasoße vermischen und etwas marinieren lassen. Öl in einer beschichteten Pfanne erhitzen. Den Räuchertofu darin unter Rühren kurz braten und heiß über den Kartoffelsalat streuen.
4. Den Kartoffelsalat mit gebratenem Räuchertofu portionsweise anrichten und obenauf etwas Radieschensalsa geben.

Radieschensalsa mit Kresse

Zutaten für 4 Portionen:

300 g Radieschen, kleine Würfel
1 EL Apfelessig
Salz
½ Kästchen Gartenkresse

Zubereitung:

Radieschen, Essig und Salz vermischen, etwas ziehen lassen. Gartenkresse untermischen.

Edamamesalat mit Tomatenvinaigrette

Die grünen Sojabohnen, die es auch tiefgekühlt zu kaufen gibt, werden nur kurz im Salzwasser gekocht, heiß mit Zitronensaft mariniert und dann mit der Tomaten-Vinaigrette vermischt. Ein Salat, der sich auch für eine größere Gästezahl einfach zubereiten lässt.

Zutaten für 4 Portionen:

Salat

300 g Edamame (grüne Sojabohnen), tiefgekühlt
Salz
2 EL Zitronensaft
Schale von ¼ Biozitrone, abgerieben
Pfeffer
Minzeblättchen
Basilikumblättchen

Vinaigrette

2 Tomaten, kleine Würfel
2 Frühlingszwiebeln, feine Ringe
2 TL Apfelessig
2 EL Olivenöl
½ TL Thymian
½ TL Basilikum
½ TL Oregano
Salz
Pfeffer

Zubereitung:

1. Reichlich Wasser zum Kochen bringen, Edamame und Salz dazugeben. Die Edamame ca. 3 min lang kochen, abgießen und in einem Sieb gut abtropfen lassen, mit Zitronensaft und Zitronenschale vermischen und abkühlen lassen.
2. Für die Vinaigrette: Tomaten, Frühlingszwiebeln, Apfelessig, Olivenöl, Thymian, Basilikum und Oregano vermischen. Die Vinaigrette mit Salz und Pfeffer abschmecken und etwas durchziehen lassen, so bildet sich reichlich aromatischer Saft.
3. Die Edamame mit der Vinaigrette vermischen.
4. Den Salat portionsweise anrichten und mit Minze- und Basilikumblättchen bestreuen.

Natto und Apfeldressing

Der milde, süßsäuerliche frische Apfelgeschmack des Dressings zähmt das starke Nattosroma, und der Salat schmeckt angenehm pikant – ein Salat für alle, die gerne kulinarische Entdeckungen machen.

Zutaten für 4 Portionen:

Dressing

6 EL naturtrüber Apfelsaft
6 EL Zitronensaft
2 TL Senf
1 TL frischer Ingwer, fein gehackt
Schale von ½ Biozitrone, abgerieben
1 saftiger, säuerlicher Apfel, feine Scheibchen
¼ rote Zwiebel, fein gehackt
Salz
Chili
4 TL Natto

Salat

1 Salat (Lollo rosso, Frisée, Kopfsalat), mundgerechte Stücke
1 rote Paprika, feine Streifen
100 g Champignons, dünne Scheiben

Zubereitung:

1. Dressing: Apfelsaft, Zitronensaft, Senf, Ingwer und Zitronenschale mit dem Pürierstab zu einem glatten Dressing mixen.
2. Äpfel und Zwiebeln untermischen, das Dressing mit Salz abschmecken und etwas durchziehen lassen.
3. Salat, Paprika und Champignons portionsweise mit dem Apfeldressing anrichten, obenauf einen Teelöffel Natto geben.

SUPPEN & EINTÖPFE

Kürbis-Quitten-Suppe

Kürbis und Quitte passen gut zusammen. Die Quitte kommt aus der Familie der Rosengewächse, das lässt sich sogar am Duft der reifen Frucht erahnen. Quitte schmeckt feinherb und hat ein leichtes Zitrusaroma. Das belebt den gemütlichen Kürbis besonders, wenn das Süppchen auch mit Piment, Koriander, Zimt und Muskat gewürzt ist.

Zutaten für 4 Portionen:

1 EL Öl
1 Zwiebel, fein gehackt
3 Pimentkörner, zerstoßen
½ TL Koriander, zerstoßen
¼ TL Zimt, gemahlen
Muskat
500 g Kürbis (Muskat-, Hokkaido- oder Butternusskürbis), Stücke
Salz
600 ml Gemüsebrühe
1 Quitte (ca. 150 g Fruchtfleisch), kleine Stücke
1 Stück Biozitronenschale (2 × 3 cm)
1 TL frischer Ingwer, fein gehackt
80 ml Sojasahne
½ EL Zitronensaft
Salz
Pfeffer
2 EL Petersilie, fein gehackt

Zubereitung:

1. Öl in einem Topf erhitzen. Zwiebel darin weich dünsten. Piment, Koriander, Zimt und eine gute Prise Muskat dazugeben, alles kurz unter Rühren anrösten.
2. Kürbis untermischen, leicht salzen, 3 min lang andünsten und mit Gemüsebrühe aufgießen.
3. Die Suppe zum Kochen bringen, Quitten dazugeben und zugedeckt ca. 10 min lang köcheln, bis die Quitten und der Kürbis weich sind, aber nicht zerfallen.
4. Mit dem Mixstab die Suppe mit Sojasahne und Zitronensaft fein pürieren, mit Salz und Pfeffer abschmecken und mit Petersilie bestreuen.

Ein Grundrezept und fruchtige Variationen – mein Tipp Die Kürbissuppe auch mit Aprikosen, Birnen oder Äpfeln zubereiten und mit Orangen- oder Limettensaft abschmecken.

Minutenbouillon mit Seidentofu

Eine sehr leichte Suppe, trotzdem überzeugt sie mit viel Geschmack. Das grob geraspelte Gemüse hat nur eine minimale Garzeit von ein bis zwei Minuten. Durch längeres Erhitzen und Warmhalten würde sich dieses besonders frische Gemüse- und Kräuteraroma verflüchtigen. Es lohnt sich, die Suppe auch als Vorspeise bei einem üppigen Menü zu servieren oder für einen lieben Menschen zu kochen, der gerade nicht so viel Appetit hat.

Zutaten für 4 Portionen:

Bouillon

1,25 Gemüsebrühe
1 TL Ingwer, fein gehackt
1 Lorbeerblatt
3 Pimentkörner, zerstoßen
Muskat
1 Karotte, grob geraspelt
150 g Sellerie, grob geraspelt
100 g Petersilienwurzel, fein geraspelt
4 Frühlingszwiebeln, feine Ringe
2 TL Sojasoße
1 TL frisches Liebstöckel, fein geschnitten
4 EL frische Kräuter, fein gehackt (Petersilie, Basilikum, Minze, Dill)
200 g Seidentofu

Zubereitung:

1. Gemüsebrühe mit Ingwer, Lorbeerblatt, Piment und einer guten Prise Muskat aufkochen und zugedeckt 5 min lang köcheln.
2. Karotten, Sellerie, Petersilienwurzel und die Hälfte der Frühlingszwiebeln dazugeben, mit Sojasoße würzen. Die Suppe zugedeckt nur 1–2 min lang leicht kochen, vom Herd nehmen und die Kräuter untermischen.
3. Vom Seidentofu mit einem Löffel kleine Klößchen abstechen und portionsweise in Suppenschalen setzen.
4. Die Suppe über dem Seidentofu verteilen und mit den restlichen Frühlingszwiebeln bestreuen.

Edamame-Cremesuppe mit Minze

Schnell und einfach zubereitet mit tiefgekühlten grünen Sojabohnen. Den besonderen Kick bekommt diese Suppe von frischer Minze und dem Aroma aus Saft und Schale der Zitronen. Einige mitgekochte Kartoffelstückchen und etwas Sojasahne sorgen für leichte, cremige Bindung. Abgerundet wird die Suppe mit einem würzigen Sesam-Tomaten-Dip.

Zutaten für 4 Portionen:

800 ml Gemüsebrühe
1 Stück Biozitronenschale (2 × 3 cm)
½ TL Liebstöckel
Muskat
100 g Kartoffel, Würfel
100 g Lauch, feine Streifen
1 Zweigchen Minze
250 g Edamame (tiefgekühlt)
2 EL Sojasahne
1 EL Zitronensaft
Salz
Pfeffer
1 TL frische Minze, fein gehackt

Zubereitung:

1. Gemüsebrühe mit Zitronenschale, Liebstöckel und einer guten Prise Muskat zum Kochen bringen.
2. Kartoffel und Lauch untermischen, alles zugedeckt ca. 10 min lang köcheln. Im Schnellkochtopf dauert es nur ca. 2 min.
3. Edamame und den Minzezweig unterrühren. Die Suppe zum Kochen bringen und zugedeckt für 3 min köcheln.
4. Die Suppe, Sojasahne und Zitronensaft im Mixer oder mit dem Mixstab fein pürieren.
5. Die Edamame-Cremesuppe mit Salz und Pfeffer abschmecken. Mit Minze bestreut, portionsweise anrichten. Einen Klacks Tomaten-Sesam-Dip in die Suppe geben.

Tomaten-Sesam-Dip

Zutaten für 4 Portionen:

2 Tomaten, halbiert
½ TL Oregano
1 TL Sesammus (Tahin)
Salz

Zubereitung:

1. Tomatenhälften (Schnittfläche nach oben) nebeneinander auf ein kleines Backblech setzen, mit Oregano bestreuen und im Ofen bei 200 °C Ober- und Unterhitze für ca. 15 min braten.
2. Die Tomaten abziehen. Die Tomaten und Sesammus mit dem Mixstab zu einem glatten Dip pürieren. Den Tomaten-Sesam-Dip mit Salz abschmecken.

Misosuppe basic

Diese klassische Version der Misosuppe kennen wir aus japanischen Restaurants. Sie ist blitzschnell gekocht. In Japan wird Misosuppe bereits zum Frühstück gegessen und dann gerne noch zu weiteren Mahlzeiten des Tages. Traditionell wird Misosuppe mit Dashi zubereitet. In der veganen Version ist das eine Suppenbrühe auf Grundlagen von Kombualgen. Das Rezept dafür findet sich auf S. 157.

Zutaten für 4 Portionen:

- **5 g** getrocknete Wakame-Alge
- **1 L** Dashi oder sehr leicht gesalzene Gemüsebrühe
- **200 g** weicher Tofu Natur, kleine Würfel
- **4–5 EL** braunes Miso (Mugi-Miso)
- **3** Frühlingszwiebeln, feine Ringe

Zubereitung:

1. Wakame in reichlich kaltem Wasser für ca. 20 min einweichen und abtropfen lassen. Bei großen Wakamestücken die harten Mittelrippen entfernen. Die Wakame in mundgerechte Stücke schneiden.
2. Dashi zum Kochen bringen. Tofu dazugeben und für 2 min köcheln.
3. Die Wakame untermischen. Die Suppe nur einen Moment erhitzen, dann vom Herd nehmen.
4. Das Miso untermischen. Dafür das Miso in ein kleines Sieb geben. Das Sieb in die Suppe halten und das Miso mit einem Löffel durch das Sieb in die Suppe passieren. Sollten Stückchen von den Sojabohnen oder Getreide im Sieb zurückbleiben, diese im Ganzen in die Suppe rühren.
5. Die Misosuppe mit Frühlingszwiebeln bestreuen.

Variationen

Die Suppe kann auch gut mit dem milden, etwas süßlichen hellen Shiro-Miso zubereitet werden.

Ganz wichtig: Um Enzyme und andere Fermentationsstoffe zu erhalten, empfiehlt es sich, Miso, besonders wenn es unpasteurisiert ist, nicht zu kochen.

Jeden Tag eine andere Misosuppe: Anstatt Wakamealgen zu verwenden, können auch fein geschnittene Karotten, Kohlrabi, Kartoffeln, Lauch, Sellerie, Pastinaken oder Blumenkohlröschen in den Suppentopf gegeben werden und ca. 4–5 min mitgekocht werden.

Misoramen mit gebratenem Sesamtofu

Zutaten für 4 Portionen:

Nudelsuppe

2 EL	Öl
2	Zwiebeln, dünne Ringe
2	Knoblauchzehen, dünne Scheiben
1 ¼ L	sehr leicht gesalzene Gemüsebrühe (oder Dashi S. 157)
150 g	weißer Rettich, längs halbiert, dünne Scheiben
150 g	Kürbis (Muskat oder Hokkaido), kleine Würfel
2 TL	frischer Ingwer, fein gehackt
3 EL	Medium Sweet Sherry
1 Stück	Biozitronenschale
100 g	Wirsing, feine Streifen
5 EL	braunes Miso (Mugi-Miso)
1 TL	Biozitronenschale, fein gehackt

Tofu & Nudeln

2 EL	Medium Sweet Sherry
2 EL	Sojasoße
2 TL	geröstetes Sesamöl
1 TL	Tomatenmark
¼ TL	edelsüßes Paprikapulver Muskat, Chili
2 EL	Öl
200 g	Tofu (1 × 4 × 4 cm)
200 g	Ramennudeln

Garnitur

2	Frühlingszwiebeln, Ringe
4 EL	Gartenkresse
2 TL	gerösteter Sesam

Zubereitung:

1. Öl in einem Topf erhitzen. Zwiebeln und Knoblauch darin zuerst bei milder Hitze langsam weich und glasig dünsten, dann unter Rühren goldbraun braten. ⅓ der Zwiebeln für die Garnitur beiseitestellen.
2. Die restlichen Zwiebeln mit Gemüsebrühe aufgießen, zum Kochen bringen und zugedeckt 15 min lang sanft köcheln. So bekommt die Brühe eine leicht gebundene Konsistenz.
3. In der Garzeit der Brühe den Tofu zubereiten: Sherry, Sojasoße, Sesamöl, Tomatenmark, Paprikapulver, Muskat und Chili glatt rühren. Öl in einer beschichteten Pfanne erhitzen. Den Tofu auf beiden Seiten kurz anbraten, mit der Paste übergießen und braten, bis die Flüssigkeit verdampft ist, dabei mehrmals wenden. Den Tofu eventuell bei 50 °C im Ofen warmhalten.
4. Nudeln nach Packungsanleitung kochen, abgießen, abtropfen lassen, auf vier große Suppenschalen verteilen.
5. Rettich, Kürbis, Ingwer, 3 EL Sherry und Zitronenschale in die köchelnde Brühe geben. Für ca. 3 min köcheln. Das Gemüse ist idealerweise weich mit Biss. Wirsing untermischen, nur 1 min lang köcheln.
6. Das Miso untermischen. Dafür das Miso in ein kleines Sieb geben. Das Sieb in die Suppe halten und das Miso mit einem Löffel durch das Sieb in die Suppe passieren. Sollten Stückchen von den Sojabohnen oder Getreide im Sieb zurückbleiben, diese im Ganzen in die Suppe rühren.
7. Gemüse und Brühe auf die Nudeln geben. Den Tofu und die gebratene Zwiebeln darauf verteilen. Frühlingszwiebeln, Gartenkresse und Sesam darüberstreuen.

Erbsensuppe mit Räuchertofu-Croûtons

Getrocknete Spalterbsen sind günstig, ideal für die schlaue Vorratshaltung und perfekt für eine einfach zubereitete Suppe. Wenn diese unter Druck im Schnellkochtopf gekocht wird, spart das Zeit und Energie. Kross gebratene Räuchertofu-Croûtons bringen den kräftigen Geschmack, den wir bei Erbsensuppen so schätzen. Als Hauptgericht passt zu der Suppe auch feines Roggenvollkornbrot.

Zutaten für 4 Portionen:

Suppe

- **250 g** gelbe Spalterbsen
- **1** Lorbeerblatt
- **2–3 TL** Instant Gemüsebrühe oder 4 EL helles Miso (Shiro-Miso)
- **1 TL** Liebstöckel
- **3** Pimentkörner, zerstoßen
- Muskat
- **2 EL** Butter oder Margarine
- **Schale** von 1 Biozitrone, abgerieben
- **2 TL** Zitronensaft
- Pfeffer
- Salz
- **½ Bund** Schnittlauch, fein geschnitten

Räuchertofu-Croûtons

- **1 EL** Öl
- **200 g** Räuchertofu, kleine Würfel
- **1 EL** Sojasoße
- **¼ TL** Kümmel, zerstoßen

Zubereitung:

1. Suppe: Spalterbsen mit 1 ¼ L Wasser zum Kochen bringen, mit Lorbeer würzen und ca. 50 min lang gut weich kochen (im Schnellkochtopf ca. 20 min).
2. Das Lorbeerblatt aus der Suppe nehmen. Instantgemüsebrühe (oder Miso), Liebstöckel, Piment, Muskat, Butter und Zitronenschale in die Suppe geben, alles mit dem Mixstab fein cremig pürieren.
3. Die Suppe nochmals erhitzen, mit Zitronensaft, Salz und Pfeffer abschmecken.
4. Für die Croûtons: Öl in einer beschichteten Pfanne erhitzen, den Tofu darin unter Rühren braten, mit Sojasoße ablöschen, mit Kümmel würzen und unter Rühren weiterbraten, bis die Sojasoße verdampft ist.
5. Die Erbsencremesuppe portionsweise mit den Croûtons anrichten und mit Schnittlauch bestreuen.

Wurzelgemüsesuppe mit sechs Gewürzen

Kochen unter Druck kann sehr entspannend sein – wenn die Kochmethode gemeint ist. Im Schnellkochtopf garen klein geschnittene Kartoffeln, Karotten, Sellerie und Rote Bete in nur wenigen Minuten. Das spart Energie und ist sehr praktisch, besonders wenn der Hunger groß ist und schnell ein Süppchen auf dem Tisch stehen soll.

Zutaten für 4 Portionen:

Suppe

2 EL Öl
1 Zwiebel, fein gehackt
3 Knoblauchzehen, gehackt
150 g Kartoffeln, Stücke
100 g Karotten, Stücke
100 g Sellerie, Stücke
300 g Rote Bete, Stücke
Salz
1 ¼ L Gemüsebrühe
1 Lorbeerblatt
½ TL Liebstöckel
½ TL Koriander, zerstoßen
3 Pimentkörner, zerstoßen
½ TL Koriander, zerstoßen
Muskat
1 Stück Biozitronenschale
4 EL Sojasahne
1 EL Zitronensaft
3 EL Dill, fein gehackt

Zubereitung:

1. Öl in einem Topf erhitzen. Zwiebeln und Knoblauch darin zuerst bei milder Hitze weich dünsten, dann unter Rühren goldgelb braten.
2. Kartoffeln, Karotten, Sellerie und Rote Bete dazugeben, leicht salzen, kurz andünsten, mit Gemüsebrühe aufgießen, mit Lorbeer, Liebstöckel, Koriander, Piment, Muskat und Zitronenschale würzen. Die Suppe zugedeckt 20 min lang köcheln (im Schnellkochtopf nur ca. 6 min). Die Gemüse sollten weich mit Biss sein. Das Lorbeerblatt aus der Suppe fischen.
3. Mit dem Mixstab die Suppe mit Sojasahne und Zitronensaft cremig-glatt pürieren.
4. Die Suppe portionsweise mit Dill und einem Klacks Haselnussrahm anrichten.

Haselnussrahm

Zutaten für ca. 200 g:

100 g Sojajoghurt, ungesüßt
100 g Sojasahne
1 EL Haselnussmus
Salz

Zubereitung:

Alle Zutaten mit dem Mixstab cremig mixen.

Kokos-Pilz-Suppe mit Frosti-Tofu

Dieses Süppchen hat es in sich. In der Brühe verbinden sich die Aromen von Kokosmilch, Currygewürzen, Ingwer und Limette. Dazu passt hervorragend der Frosti-Tofu (S. 67), der sich sich mit diesem runden Geschmack vollsaugen kann. In dieser Suppe werden Champignons im Ganzen mitgekocht, was die Pilzköpfe knackig bissfest macht und der Brühe herrliche Würze verleiht.

Zutaten für 4 Portionen:

200 g Frosti-Tofu (S. 67)
400 g kleine weiße Champignons
400 ml Kokosmilch
600 ml Gemüsebrühe
1 kleine Zwiebel, fein gehackt
2 Knoblauchzehen, fein gehackt
1 TL frischer Ingwer, fein gehackt
½ TL Kurkuma, gemahlen
½ TL Kreuzkümmel, gemahlen
½ TL Koriander, gemahlen
Schale von 1 Biozitrone, abgerieben
½–1 rote Chilischote, feine Ringe
1 TL Sojasoße
1 EL Limetten- oder Zitronensaft
3 Frühlingszwiebeln, feine Ringe
4 EL frische Kräuter, einzelne Blättchen (Koriander, Thaibasilikum, Minze)
Salz

Zubereitung:

1. Den Frosti-Tofu auftauen lassen, leicht ausdrücken, in kleine Würfel schneiden. Stielansätze der Champignons abschneiden, die Champignons jedoch ganz lassen.
2. Kokosmilch und Gemüsebrühe zum Kochen bringen, 3 min lang leicht kochen.
3. Zwiebeln, Knoblauch, Ingwer, Kurkuma, Kreuzkümmel, Koriander und Zitronenschale untermischen. Die Suppe mit Chili und Sojasoße abschmecken.
4. Die ganzen Champignons dazugeben und die Suppe zugedeckt für 15 min köcheln.
5. Den Frosti-Tofu untermischen. Die Suppe weitere 15 min lang zugedeckt sanft kochen.
6. Die Suppe mit Limettensaft, Sojasoße oder Salz abschmecken, portionsweise anrichten und mit den Frühlingszwiebeln und den ganzen Kräuterblättchen bestreuen.

Bitte beim Öffnen der Kokosmilchdose nicht wundern Biokokosmilch enthält keine Emulgatoren, darum setzt sich das Kokosfett in einer dicken Schicht an der Oberfläche ab, und darunter kommt eine relativ dünne, milchige Flüssigkeit zum Vorschein. Durch das Erhitzen vermischen sich beide Bestandteile zur Kokosmilch. Ich verwende das Fett an der Oberfläche auch manchmal zum Anbraten von Zwiebeln, Gemüse, Tofu oder Tempeh, das bringt gleich einen angenehmen Kokosgeschmack in den Topf.

Nudelsuppe mit Knusperbällchen

Für Ramen, diese üppigen japanischen Nudelsuppen, werden die einzelnen Zutaten – hier sind das Tofubällchen, Gemüse und Nudeln – getrennt zubereitet und erst unmittelbar vor dem Essen in großen Portionsschüsseln vereint.

Zutaten für 4 Portionen:

Bällchen

200 g fester Tofu Natur, fein zerbröselt
1 Frühlingszwiebel, feine Ringe
1 Knoblauchzehe, gehackt
2–3 EL Semmelbrösel
1 EL Sojasoße
½ TL Ingwer, fein gehackt
1 Eigelb oder 1–2 EL Sojamehl
Muskat, Salz
Chili
Öl zum Frittieren

Nudeltopf

200 g Pak Choi
200 g Udonnudeln (glatte Asianudeln)
1 ½ L Gemüsebrühe
3 EL Sojasoße
3 EL Medium Sweet Sherry
1 TL frischer Ingwer, fein gehackt
Chili
1 Karotte, dünne Scheiben
4 Frühlingszwiebeln, feine Ringe
60 g Mungsprossen
4 Frühlingszwiebel, feine Ringe

Zubereitung:

1. Bällchen: Tofu, Frühlingszwiebeln, Knoblauch, Semmelbrösel, Sojasoße, Ingwer und Eigelb (oder Sojamehl) vermischen und gut verkneten. Die Masse mit Muskat, Salz und Chili abschmecken.
2. Aus der Masse kleine, feste Bällchen formen. Reichlich Öl in einem kleinen Topf erhitzen. Die Bällchen darin rundum goldbraun ausbacken (dabei nicht zu viele Bällchen auf einmal ins Öl geben), auf Küchenpapier abtropfen lassen.
3. Nudeltopf: Wenn der Pak Choi längere weiße Stängel hat, diese in dünne Scheiben schneiden und die Blätter in mundgerechte Stücke teilen. Nudeln nach Packungsanweisung kochen, abgießen, abtropfen lassen.
4. In der Garzeit der Nudeln die Gemüsebrühe mit Sojasoße, Sherry, Ingwer und einer Prise Chili zum Kochen bringen. Die Pak-Choi-Stängel, Karotten und die Hälfte der Frühlingszwiebeln dazugeben, 2 min lang köcheln. Die Pak-Choi-Blätter und die Sprossen untermischen, nur einen Moment erhitzen.
5. Die Nudeln portionsweise in großen Schüsseln anrichten, mit Gemüse und Brühe auffüllen. Die Tofubällchen in die Suppe setzen, mit den restlichen Frühlingszwiebeln bestreuen.

Minestrone

Schrittweise kochen: Bei diesem bunten Suppentopf kommen die verschiedenen Gemüse ihrer Garzeit entsprechend nacheinander in den Topf. Zuerst harte Gemüse wie Karotten und Kartoffeln, dann Blumenkohl und Lauch, zum Schluss die tiefgekühlten Edamame. So werden empfindliche Gemüse nicht verkocht und bewahren ihr feines Aroma. Nach diesem Grundrezept kann die Minestrone auch mit kleinen Gemüseresten zubereitet werden, z. B. mit Knollensellerie, grünen Bohnen, Petersilienwurzel, Brokkoli, Kürbis, Kohl oder Wirsing und gerne auch ein paar Würfeln Frosti-Tofu.

Zutaten für 4 – 6 Portionen:

3 EL Olivenöl
1 Zwiebeln, fein gehackt
3 Knoblauchzehen, fein gehackt
Muskat
1 ½ L Gemüsebrühe
½ TL Thymian
½ TL Basilikum
½ TL Oregano
1 Lorbeerblatt
Pfeffer
1 Karotte, dünne Scheiben
1 Kartoffel, kleine Würfel
1 Stängel Bleichsellerie, dünne Scheiben
100 g Lauch, feine Streifen
100 g Blumenkohl, sehr kleine Röschen
2 Tomaten, abgezogen, kleine Würfel
150 g grüne Sojabohnen, Edamame (tiefgekühlt)
3 EL frische Kräuter, fein gehackt (Petersilie, Basilikum, Minze)
Salz

Zubereitung:

1. In einem großen Topf das Olivenöl erhitzen. Zwiebeln und Knoblauch darin bei milder Hitze langsam weich und glasig dünsten.
2. Mit der Gemüsebrühe aufgießen, mit Thymian, Basilikum, Oregano, Lorbeer und Pfeffer würzen. Die Suppe zum Kochen bringen.
3. Karotten, Kartoffeln und Bleichsellerie dazugeben. Die Suppe zugedeckt für 10 min leicht kochen.
4. Lauch, Blumenkohl und Tomaten untermischen, die Suppe zugedeckt 7 min lang sanft köcheln.
5. Edamame untermischen. Die Minestrone noch ca. 4 min lang köcheln, vom Herd nehmen, mit Salz und Pfeffer abschmecken und die Kräuter untermischen.

Grüne Misosuppe

Zutaten für 4 Portionen:

- **50 g** Petersilie
- **2 EL** Öl
- **1** Zwiebel, fein gehackt
- **1** kleine Kartoffel, kleine Stücke
- **2** Kohlrabi (400 g), kleine Stücke
- **1 L** leicht gesalzene Gemüsebrühe
- **1 TL** frischer Ingwer, fein gehackt
- **1 Stück** Biozitronenschale (2 × 3 cm)
- Muskat
- **4–5 EL** helles Miso (Shiro-Miso)
- **1 EL** Zitronensaft

Zubereitung:

1. Petersilienblättchen abzupfen und hacken, die Stängel fein schneiden.
2. Öl in einem Topf erhitzen und die Zwiebeln darin weich dünsten.
3. Kartoffeln und Kohlrabi dazugeben. Alles unter Rühren kurz anbraten.
4. Mit Gemüsebrühe aufgießen, die Petersilienstängel dazugeben, mit Ingwer, Zitronenschale und einer guten Prise Muskat würzen. Die Suppe zugedeckt 15 min lang köcheln (im Schnellkochtopf 2–3 min).
5. Mit dem Mixstab die Suppe, Petersilienblättchen und Miso glatt pürieren und mit Zitronensaft abschmecken.

Knoblauch-Miso-Suppe –
Abwehrpower löffelweise

Dieser natürliche Immunbooster wirkt bei mir wahre Wunder an verschnupften Wintertagen.

Zutaten für 2 Portionen:

- **24** Knoblauchzehen, geschält
- **600 ml** leicht gesalzene Gemüsebrühe (oder Dashi S. 157)
- **2 EL** Olivenöl
- **1 Stück** Biozitronenschale (2 × 2 cm)
- **1** frischer Ingwer, fein gehackt
- Muskat
- **2 EL** helles Miso (Shiro-Miso)
- **1 EL** Zitronensaft
- **2 EL** Petersilie, fein gehackt

Zubereitung:

1. Die 24 Knoblauchzehen im Ganzen, Gemüsebrühe, Olivenöl, Zitronenschale, Ingwer und Muskat in einen Topf geben.
2. Die Suppe zugedeckt zum Kochen bringen, bei milder Hitze 20 min köcheln. Die Knoblauchzehen sollten weich sein und sich leicht zerdrücken lassen. Sie verlieren durch das Kochen ihre Schärfe, werden mildaromatisch und leicht süßlich.
3. Die Knoblauchsuppe und das Miso mit dem Mixstab fein pürieren, mit Zitronensaft abschmecken und mit Petersilie bestreuen.

Chili sin carne

Für den herzhaften Geschmack und viel Umami in diesem Bohneneintopf sorgen gut weich gedünstete Zwiebeln, die mit Gewürzen, Tomatenmark und Sojasoße kräftig angeröstet werden. Was aufwendig klingt, sind beim Kochen nur zwei Arbeitsschritte mehr, und die lohnen sich! Chili sin carne lässt sich gut vorbereiten und schmeckt durch das Aufwärmen noch besser – also das perfekte Gericht zur Bewirtung vieler Gäste.

Zutaten für 4–6 Portionen:

Suppe

400 g Wachtelbohnen (Pintobohnen)
3 EL Öl
300 g Zwiebeln, fein gehackt
6 Knoblauchzehen, fein gehackt
½ TL Kreuzkümmel, zerstoßen
½ TL Koriander, zerstoßen
1 ½ TL Rosenpaprika, edelsüß
¼ TL Kurcuma, gemahlen
Chili
4 EL Sojasoße
3 EL Tomatenmark
1 TL Balsamicoessig

Veggiehack

80 g Sojagranulat
2 EL ÖL
3 EL Sojasoße
3 EL Tomatenmark

Garnitur

1 rote Zwiebel, feine Ringe
2 EL Petersilie, fein gehackt

Zubereitung:

1. Wachtelbohnen 8 Stunden (am besten über Nacht) in reichlich kaltem Wasser einweichen und aufquellen lassen.
2. Die Bohnen abgießen, abtropfen lassen, mit 1 ½ L Wasser zum Kochen bringen, zugedeckt ca. 1 Stunde gut weich kochen (im Schnellkochtopf ca. 20 min). Die Bohnen in ein Sieb abgießen. Die Kochflüssigkeit auffangen und 1,3 L abmessen. Wenn durch das Kochen zu viel Flüssigkeit verdampft ist, mit Wasser auf 1,3 L auffüllen.
3. Öl in einem großen Topf erhitzen. Zwiebeln und den Knoblauch darin bei milder Hitze für ca. 20 min sehr weich dünsten.
4. Kreuzkümmel, Koriander, Rosenpaprika, Kurkuma und Chili dazugeben, unter Rühren kurz anrösten.
5. Sojasoße, Tomatenmark und Balsamicoessig untermischen, unter Rühren alles ca. 5 min lang zu einer dicken Paste einkochen.
6. Die 1,3 L Garflüssigkeit untermischen, alles ca. 15 min köcheln, bis die Zwiebeln fast zerfallen.
7. Die Bohnen unterrühren und noch 5 min lang köcheln.
8. In der Garzeit der Bohnen das Sojagranulat mit 400 ml kaltem Wasser vermischen, 15 min quellen lassen, in ein Sieb abgießen, abtropfen lassen und etwas ausdrücken.
9. In einer Pfanne 2 EL ÖL erhitzen, das Sojagranulat darin unter Rühren anbraten. Sojasoße und Tomatenmark untermischen, unter Rühren weiterbraten, bis die Flüssigkeit verdampft ist.
10. Das Sojagranulat unter den Bohneneintopf mischen. Das Chili sin carne nochmals kurz erhitzen, mit Chili und Salz abschmecken, portionsweise mit Zwiebelringen und Petersilie anrichten.

Kohlsuppe mit Brattofu

Für dieses Rezept habe ich mich von asiatischen Suppentöpfen inspirieren lassen – da wird auch oft Gegrilltes oder Gebratenes, wie hier gut gewürzter Tofu, auf die Suppe geschichtet. Dieses schnell gekochte, preisgünstige Hauptgericht lässt sich gut aufwärmen oder warm in einem Thermobehälter transportieren, das qualifiziert die Suppe für das Mittagessen außer Haus.

Zutaten für 4 Portionen:

Suppe

2 EL Öl
1 große Zwiebel, fein gehackt
2 Knoblauchzehen, fein gehackt
½ TL Kümmel, zerstoßen
1 TL edelsüßes Paprikapulver
Muskat
1 ¼ L Gemüsebrühe
1 Karotte, dünne Scheiben
1 Kartoffel, kleine Würfel
400 g Weißkohl, feine Streifen
100 g geschälte Tomaten, kleine Würfel (z. B. aus der Dose)
1 Lorbeerblatt
¼ TL Thymian
Chili
2 Frühlingszwiebeln, feine Ringe

Tofu

1 EL Öl
300 g Tofu Natur, 1 cm dünne Scheiben
½ TL Koriander
Chili
2 EL Sojasoße

Zubereitung:

1. Suppe: Öl in einem beschichteten Topf erhitzen. Zwiebeln darin bei milder Hitze zuerst glasig dünsten, dann unter Rühren goldgelb braten. Knoblauch, Kümmel, Paprikapulver, Paprikapulver und eine gute Prise Muskat dazugeben, nur einen Moment unter Rühren anrösten (sonst wird das Paprikapulver bitter) und mit Gemüsebrühe aufgießen.
2. Die Suppe zum Kochen bringen. Karotten, Kartoffeln, Weißkohl, Tomaten, Lorbeer und Thymian dazugeben, mit einer Prise Chili würzen. Die Kohlsuppe ca. 15 min lang zugedeckt köcheln. Das Gemüse sollte weich mit Biss sein.
3. Während die Suppe kocht: Öl in einer beschichteten Pfanne erhitzen. Den Tofu darin auf beiden Seiten anbraten. Mit Koriander und Chili würzen, mit Sojasoße ablöschen und weiterbraten, bis die Soße verdampft ist. Den Tofu in dünne Streifen schneiden.
4. Die Kohlsuppe portionsweise in Schüsseln anrichten und mit Brattofu und Frühlingszwiebeln bestreuen.

Dashi

Die klassische japanische Suppengrundlage Dashi wird für Misosuppe, aber auch für viele andere Speisen, z. B. Gemüsegerichte, verwendet. In diese vegane Version kommen nur Kombualgen. Das feste Meeresgemüse lässt man in 60 °C heißem Wasser eine Stunde lang ziehen, so gewinnt die Brühe diesen einzigartigen Umamigeschmack. Der Aufwand dafür ist sehr gering, es bedarf nur etwas Geduld. Ich habe mich lange mit der Dashizubereitung beschäftigt, weil ich diese klare aromatische Brühe genial finde. Diese Methode hat für mich das beste Ergebnis gebracht: ein fantastisch vollmundiges Dashi.

Zutaten für 3 L:

3 L Wasser
50 g getrocknete Kombualgen

Zubereitung:

1. Wasser mit Kombualgen auf 60 °C erhitzen.
2. Die Kombualgen zugedeckt eine Stunde bei 60 °C ziehen lassen. Am einfachsten gelingt das mit einem Bratenthermometer, mit dem ab und zu die Temperatur kontrolliert wird.
3. Die Kombualgen aus dem Topf nehmen, in einem Sieb abtropfen lassen. Die abgetropfte Flüssigkeit zurück in den Topf geben.
4. Das entstandene Dashi auf 85 °C erhitzen und sofort vom Herd nehmen.
5. Gekühlt hält sich das Dashi 2–3 Tage, es kann aber auch eingefroren werden.

Zweiter Aufguss Wie beim grünen Tee eignen sich Kombualgen nach dem oben stehenden Rezept für einen zweiten Aufguss. Das Dashi schmeckt dann etwas weniger intensiv und eignet sich gut zur Zubereitung von Gemüsegerichten.

Jodreiche Braunalge – Kombu ist reich an Jod, Eisen, Kalzium, Magnesium, B-Vitaminen, Vitamin C.
Dazu enthält Kombu viel natürliche Glutaminsäure. Diese bringt das begehrte Umami, den köstlichen Geschmack, in die Brühe. Auf getrockneten Kombualgen findet sich manchmal eine feine weiße Schicht. Dabei handelt es sich um Salze der Alginsäure, die man abwischen kann, aber nicht muss.
Die meterlange, breite Kombualge wächst in kalten Meeresgewässern. Zu kaufen gibt es Kombu in Naturkostgeschäften und Asialäden.

AUS

ALLER

WELT

Kokoscurry mit Knuspertempeh

Ein echtes Wohlfühlgericht. Rasch im Wok gebraten und kurz in der aromatischen Soße geköchelt, behält das Gemüse seine strahlende Farbe, das frische Aroma und viele Vitamine. Frittierte Tempehstückchen sorgen für das knusprige Etwas, und das ist immer gefragt.

Zutaten für 2 Portionen:

Tempeh

200 g	Tempeh, 5 mm dünne Streifen
	Öl zum Ausbacken
	Salz

Gemüse

300 g	Brokkoli, kleine Röschen
1 EL	Öl
3	Knoblauchzehen, fein gehackt
1–2 TL	Currypulver
100 g	Erbenschoten
150 g	Lauch, dünne Scheiben
250 ml	Kokosmilch
50 ml	Gemüsebrühe
2 TL	frischer Ingwer, fein gehackt
Schale	von ½ Biolimette oder -zitrone, abgerieben
1 EL	Limettensaft
3 EL	frisches Basilikum, geschnitten
1 EL	frische Minze, geschnitten

Zubereitung:

1. Tempeh: Reichlich Öl in einem kleinen Topf erhitzen und die Tempeh-Streifen darin rundum goldbraun ausbacken. Achtung: Nicht zu viel Tempeh auf einmal ins Öl geben, es schäumt sonst über. Den Tempeh auf Küchenpapier abtropfen lassen, in Dreiecke schneiden, leicht salzen und warm halten.
2. Gemüse: Brokkoli in einem Siebeinsatz über Wasserdampf für 2 min garen.
3. Im Wok oder in einer beschichteten Pfanne 1 EL Öl erhitzen. Knoblauch darin unter Rühren kurz anbraten. Currypulver dazugeben, weiterrühren und kurz anrösten.
4. Erbsenschoten und Lauch untermischen, leicht salzen, alles unter Rühren ca. 2 min lang braten.
5. Den Brokkoli untermischen und unter Rühren nochmals für 1 min braten.
6. Mit Kokosmilch und Gemüsebrühe aufgießen, mit Ingwer und Zitronenschale würzen und mit Salz abschmecken.
7. Das Gemüse kurz köcheln, es sollte weich mit Biss sein. Mit Limettensaft abschmecken.
8. Das Gemüse portionsweise anrichten, den Knuspertempeh daraufgeben und mit Kräutern bestreuen.

Selbst gemachte Currymischung

Zutaten: 3 TL Koriander, 3 TL Kreuzkümmel, 1 TL Fenchel, 8 Pimentkörner, 1 ½ TL Kurkuma, gemahlen, ½ TL Galgant, gemahlen, ½ TL Muskatblüte, gemahlen, ½ TL Zimt gemahlen, ½ TL Bockshornklee, gemahlen, ½ TL Chili, gemahlen.

Zubereitung: Koriander, Kreuzkümmel, Fenchel und Piment im Mörser fein zerstoßen (oder in einer eigens dafür reservierten, kleinen Kaffeemühle mahlen).

Kurkuma, Galgant, Muskatblüte, Zimt, Bockshornklee und Chili untermischen. Die Currymischung gut verschlossen in einem Glas aufbewahren.

Gemüsetajine mit Frosti-Tofu

Marokkanisches Seelenfutter, es ist einfach gekocht auch für eine größere Gästezahl und schmeckt aufgewärmt am nächsten Tag fast noch besser.

Zutaten für 4–6 Portionen:

400 g Frosti-Tofu (S. 67)

Gemüse

4 EL Olivenöl
2 Zwiebeln, halbiert, dünne Scheiben
3 Knoblauchzehen, dünne Scheiben
250 g geschälte Tomaten (z. B. aus der Dose), Streifen
1 ¼ L Gemüsebrühe
1 Karotte, dünne Stifte
1 große rote Paprika, Streifen
2 Stangensellerie, Stücke
100 g grüne Bohnen, Stücke (auch tiefgekühlt)
200 g gekochte Kichererbsen, abgetropft
1 Bund Petersilie
½ Bund frischer Koriander
200 g Zucchini, dicke Scheiben
Salz

Gewürze

1 ½ TL Koriander, gemahlen
1 ½ TL Kreuzkümmel, gemahlen
5 Kardamomkapseln, Samen zerstoßen
½ TL Kurkuma
¼ TL Zimt
1 ½ TL frischer Ingwer, fein gehackt
Küchengarn

Zubereitung:

1. Den Frosti-Tofu auftauen lassen, ausdrücken, in Stücke (2 × 3 × 3 cm) schneiden.
2. Olivenöl in einem beschichteten oder gusseisernen Topf erhitzen. Zwiebeln und Knoblauch darin zuerst bei milder Hitze glasig dünsten, dann unter Rühren goldgelb braten.
3. Die Gewürze untermischen, alles unter Rühren kurz anrösten.
4. Den Frosti-Tofu mit den Gewürzzwiebeln vermischen, salzen und unter Rühren kurz anbraten.
5. Tomaten untermischen, alles kurz erhitzen. Mit Gemüsebrühe aufgießen und zum Kochen bringen.
6. Karotten, Paprika, Stangensellerie, grüne Bohnen und Kichererbsen dazugeben.
7. Die Hälfte der Petersilie und des Korianders mit Küchengarn zusammenbinden. Die Kräutersträußchen in den Topf geben und alles 20 min lang zugedeckt sanft köcheln.
8. Zucchini dazugeben, für 2 min köcheln.
9. Die Kräutersträußchen entfernen und die Gemüsetajine mit Salz abschmecken.
10. Restliche Petersilie und Koriander fein hacken und über die Tajine streuen.
11. Die Gemüsetajine portionsweise mit Couscous anrichten.

Mit einer fertigen Gewürzmischung aromatisieren

Der besondere Geschmack kommt auch mit 2 TL Ras el Hanout, der typisch marokkanischen Gewürzmischung, in die Tajine.
Kein Frosti-Tofu Zur Hand?
Dann schmeckt die Tajine auch einfach mit Tofu Natur ganz wunderbar.

Blumenkohl mit Misokruste

Wenig Aufwand, große Wirkung und viel Geschmack! Mit einem aromatischen Misotopping bestrichen und im Ofen gebacken, wird aus dem Alltagsgemüse ein echter Hingucker. Von dieser attraktiven Vorspeise werden sich Gäste mehr als ein Stück abschneiden. Mit der würzigen Blumenkohltorte lässt sich auch ein zufriedenstellendes Hauptgericht gestalten, einfach strahlend rote Paprikasoße (S. 179) und cremiges Kartoffelpüree (S. 207) dazu servieren.

Zutaten für 4 Portionen:

1 Blumenkohl
Salz
1 EL Öl

Topping

2 EL braunes Miso (Mugi-Miso)
2 EL Öl
2 TL geröstetes Sesamöl
1 Knoblauchzehe, fein gehackt
Schale von ½ Biozitrone, abgerieben
Chili

Garnitur

2 Frühlingszwiebeln, feine Ringe
3 EL frische Kräuter (Basilikum, Minze, Petersilie, Dill)
1 Zitrone, Spalten

Zubereitung:

1. Vom Blumenkohl die äußeren Blättchen abschneiden. Damit der Blumenkohl rascher gart, den Strunk kegelförmig ausschneiden.
2. Den Blumenkohl mit dem Strunk nach unten in einen Siebeinsatz setzen und über Wasserdampf zugedeckt 15 min lang garen (oder den ganzen Blumenkohl in reichlich Salzwasser für ca. 10–15 min kochen, dabei sollte der Strunk nach oben zeigen).
3. Den Backofen auf 220 °C Ober- und Unterhitze (200 °C Umluft) vorheizen.
4. Den Blumenkohl mit 1 EL Öl einstreichen, auf ein Backblech setzen (Strunk nach unten) und im vorgeheizten Ofen ca. 18 min lang backen. Der Blumenkohl sollte zart hellbraun sein.
5. Für das Topping: Miso mit Öl, Sesamöl, Knoblauch, Zitronenschale und einer Prise Chili glatt rühren.
6. Den Blumenkohl aus dem Ofen nehmen, sorgfältig mit dem Topping bestreichen. Dabei darauf achten, dass die Paste so gut wie möglich in den Blumenkohl eindringt.
7. Den Blumenkohl zurück in den Ofen geben und noch für ca. 10 min backen, bis er knusprig braun ist. Aufpassen, dass die Misokruste nicht anbrennt.
8. Den Blumenkohl auf einer Platte mit Zitronenspalten anrichten und mit Kräutern bestreuen.
9. Der Blumenkohl lässt sich wie eine Torte in Stücke schneiden, die ganz nach individuellem Geschmack mit etwas Zitronensaft beträufelt werden können.

Chiles en nogada –
Paprika mit Nusscreme und Granatapfel

Die vegane Version des mexikanischen Nationalgerichts schmeckt mindestens genauso gut. Die einzelnen Komponenten lassen sich gut vorbereiten und werden erst kurz vor dem Servieren zusammengefügt. Das perfekte Rezept für ein üppiges Festessen. Meine Familie und Freunde sind davon begeistert und wünschen es sich immer wieder.

Zutaten für 4 Portionen:

4–6 rote Paprika

Füllung

2 EL Öl
1 Zwiebel, fein gehackt
2 Knoblauchzehen, fein gehackt
25 g Cashewnüsse, fein gehackt
½ TL Koriander, zerstoßen
¼ TL Zimt, gemahlen
3 Pimentkörner, zerstoßen
Muskat
1 saftige, säuerliche Birne, kleine Stücke
2 TL Zitronensaft
Schale von ½ Biozitrone, abgerieben
1 Banane, kleine Stücke
250 g geschälte Tomaten, Würfel (z. B. aus der Dose)
20 g Rosinen

➲

Zubereitung:

1. Die ganzen Paprika im Backofen auf dem Rost bei 200 °C Ober-/Unterhitze (Umluft 180 °C) ca. 20 min lang garen, bis die Haut stellenweise dunkelbraune Blasen wirft. Die Paprika zugedeckt etwas abkühlen lassen.
2. Die Haut der Paprika vorsichtig abziehen, dabei sollten die Schoten ganz bleiben.
3. Die Paprika an einer Seite aufschneiden, Stielansätze und Kerne entfernen.
4. Für die Füllung: In einem beschichteten Topf 2 EL Öl erhitzen. Zwiebeln und Knoblauch darin glasig dünsten. Nüsse, Koriander, Zimt, Piment und Muskat dazugeben und alles unter Rühren kurz anrösten.
5. Birne dazugeben, mit Zitronenschale und Zitronensaft würzen und alles kurz anbraten. Banane untermischen und kurz anbraten.
6. Die Tomaten und Rosinen untermischen, mit Salz würzen. Die Füllung 10 min lang köcheln lassen, dabei ab und zu umrühren. Die Füllung sollte kompakt sein.

➲

Fortsetzung auf der nächsten Seite ➲

Gewürztofu

200 g fester Tofu Natur
2 EL Öl
2 TL frischer Ingwer, fein gehackt
½ TL Koriander, zerstoßen
Muskat
Chili
3 EL Sojasoße
3 TL Tomatenmark

Topping

200 g Sojasahne
2 EL Zitronensaft
2 EL Mandelmus
Muskat
Salz

Garnitur

½ Granatapfel, Kerne ausgelöst
Korianderblättchen

7. Tofu mit der Gabel fein krümelig zerdrücken.
8. In einer beschichteten Pfanne 2 EL Öl erhitzen. Den Tofu mit Ingwer, Koriander, Muskat und Chili darin unter Rühren anbraten.
9. Sojasoße und Tomatenmark untermischen und unter Rühren braten, bis die Flüssigkeit verdampft und der Tofu trocken und krümelig ist.
10. Den Tofu unter die Füllung rühren, alles kurz erhitzen.
11. Die Paprika eventuell im Ofen kurz erhitzen, mit der Tofumischung füllen.
12. Topping: Sojasahne und Zitronensaft mit dem Mixstab glatt mixen. Mandelmus, Muskat und Salz untermixen.
13. Auf jede gefüllte Paprika einen Klacks Topping, Granatapfelkerne und einige Korianderblättchen geben.

Gemüsepilaw mit würzigem Veggiehack

Für dieses Gericht wird der Reis eingeweicht. Dadurch hat er eine kürzere Garzeit und wird besonders körnig-locker. Wenn du magst, aromatisiere das Pilaw statt mit den einzelnen Gewürzen mit der typisch marokkanischen Würzmischung Ras el Hanout. Ich verwende gerne die einzelnen Gewürze, da kann ich feiner abstimmen. Wenn die Gewürze erst einmal im Schrank stehen, ist es kein großer Aufwand. Größere Mengen mahle ich in meiner alten Kaffeemühle, bei kleineren kommt ein Steinmörser zum Einsatz.

Zutaten für 4 Portionen:

Pilaw

200 g Basmatireis
3 EL Olivenöl
300 g Lauch, feine Streifen
1 Bund Petersilie, fein gehackt
3 TL Ingwer, fein gehackt
Piment, gemahlen
½ TL Galgant, gemahlen
½ TL Koriander, gemahlen
4 Kardamomkapseln, Samen zerstoßen
Muskat und Salz
300–500 ml Gemüsebrühe
Schale von ½ Biozitrone, abgerieben
100 g junge Erbsen (tiefgekühlt)
150 g junger Spinat, kleine Blättchen
1–2 EL Zitronensaft

Veggiehack

80 g Sojagranulat
2 EL Öl
Salz
2 TL Balsamicoessig
2 EL Tomatenmark
4 EL Sojasoße
4 Knoblauchzehen, fein gehackt
½ TL Koriander, zerstoßen
½ TL Fenchel, zerstoßen
½ TL Galgant, gemahlen
Muskat und Piment

Zubereitung:

1. Basmatireis kalt waschen, in reichlich kaltem Wasser für 1 Stunde einweichen, abgießen, abtropfen lassen.
2. Veggiehack: Sojagranulat in reichlich kaltem Wasser 15 min lang einweichen, abgießen, etwas ausdrücken.
3. In einer beschichteten Pfanne 2 EL Öl erhitzen. Das Sojagranulat darin unter Rühren gut anbraten, leicht salzen, mit Balsamicoessig ablöschen und unter Rühren braten, bis die Flüssigkeit verdampft ist.
4. Tomatenmark, Sojasoße, Knoblauch und Gewürze untermischen, nochmals unter Rühren braten, bis die gesamte Flüssigkeit verdampft. Das Veggiehack warm halten.
5. Pilaw: In einem beschichteten oder gusseisernen Topf 3 EL Öl erhitzen und Lauch darin ca. 8 min lang dünsten. Petersilie untermischen, alles noch kurz dünsten.
6. Den Reis in ein Sieb gießen und gut abtropfen lassen. Reis, Ingwer, Piment, Galgant, Koriander, Kardamom und Muskat untermischen, leicht salzen, unter Rühren braten, bis die Reiskörner glänzend überzogen sind.
7. Den Reis mit 300 ml Gemüsebrühe aufgießen, mit Zitronenschale würzen und zugedeckt ca. 15 min dünsten, bei Bedarf noch etwas Gemüsebrühe nachgießen. Mit Salz abschmecken.
8. Ca. 3 min vor Ende der Garzeit die Erbsen unterrühren und zugedeckt weiterdünsten, bis der Reis körnig-locker ist.
9. Spinat und Veggiehack untermischen. Alles nur einen Moment lang unter Rühren erhitzen, bis der Spinat zusammenfällt. Das Pilaw mit Zitronensaft und Salz abschmecken.

Barbecuetempeh mit Schnittlauchdip

Zutaten für 4 Portionen:

Barbecuesoße

2 EL Öl
1 Zwiebel, fein gehackt
4 Knoblauchzehen, fein gehackt
300 g passierte Tomaten
70 g Brombeermarmelade (70 % Fruchtanteil)
1 EL Apfelessig
1 EL Sojasoße
1 TL Koriander, zerstoßen
½ TL Fenchel, zerstoßen
¼ TL Zimt, gemahlen
Muskat
Chili
Salz

Tempeh

400 g Tempeh, 5 mm dünne Streifen
Öl zum Ausbacken

Dip

200 g Sojajoghurt, ungesüßt
1 ½ EL Dijonsenf
2 TL Sojasoße
3 EL Schnittlauch, fein geschnitten

Zubereitung:

1. Barbecuesoße: 2 EL Öl in einem kleinen Topf erhitzen. Zwiebeln und Knoblauch darin zuerst glasig-weich dünsten, dann unter Rühren goldbraun anbraten.
2. Passierte Tomaten, Brombeermarmelade, Apfelessig, Sojasoße, Koriander, Fenchel, Zimt, Muskat und Chili unterrühren. Die Barbecuesoße 15 min lang leicht köcheln und mit Salz abschmecken.
3. Tempeh: Den Backofen auf 200 °C Ober-/Unterhitze (180 °C Umluft) vorheizen.
4. Reichlich Öl erhitzen. Den Tempeh darin goldbraun ausbacken. Achtung: Nicht zu viele Tempehstreifen auf einmal ins Öl geben, es schäumt sonst über. Den Tempeh auf Küchenpapier abtropfen lassen.
5. Ein kleines Backblech dünn mit Öl bestreichen. Die Tempehstreifen einzeln in der Barbecuesoße wenden und nebeneinander auf das Backblech legen, zwischen den einzelnen Streifen etwas Abstand lassen.
6. Den Tempeh dünn mit Öl bestreichen und im vorgeheizten Ofen 15–20 min lang knusprig braun braten.
7. Dip: Sojajoghurt, Senf und Sojasoße glatt rühren. Schnittlauch untermischen und mit Salz abschmecken.
8. Den Barbecuetempeh mit dem Dip servieren. Dazu passen knusprige Riesenkartoffelchips.

Tipp Wenn Barbecuesoße übrig bleibt, passt sie zu gegrilltem Gemüse oder Tempehkebab.

Riesenkartoffelchips

600 g festkochende Biokartoffeln
Salz

1. Den Backofen auf 200 °C Ober-/Unterhitze (180 °C Umluft) vorheizen. Ein Backblech mit Backpapier belegen. Kartoffeln nicht schälen, nur waschen, gut abbürsten und in 1 cm dicke Scheiben schneiden.
2. Die Kartoffelscheiben nebeneinander auf das Backblech legen, im vorgeheizten Ofen insgesamt 20 min lang braten. Nach 10 min einmal umdrehen und leicht salzen.

Thai-Tofu mit grüner Currypaste

Abwechslungsreich kombinieren: Die Tofuspießchen machen sich sehr gut mit Wokgemüse, gebratenen Nudeln oder einem großen Salat. Mit der selbst gemixten grünen Currypaste lassen sich außerdem Gemüsegerichte, Suppen und Dressings würzen.

Zutaten für 4 Portionen:

Grüne Currypaste

1 ½ TL Kreuzkümmel, zerstoßen
1 ½ TL Koriander, zerstoßen
¼ TL Chili, gemahlen
½ Zwiebel, fein gehackt
3 Knoblauchzehen, fein gehackt
30 g frischer Koriander, gehackt
1 EL frischer Ingwer, fein gehackt
½ TL Kurkuma, gemahlen
2 EL Zitronensaft
Schale von ½ Biozitrone, abgerieben
3 EL ÖL
1 EL Sojasoße
¼ TL Salz

Dip

200 g Sojajoghurt, ungesüßt

Spießchen

400 g Tofu Natur, 1,5 cm dünne Rechtecke (2 × 3 cm)
3 Frühlingszwiebeln, 1,5 cm dünne Stücke
½ rote Paprika, 1,5 cm dünne Streifen
2 EL Öl
Holzspießchen

Zubereitung:

1. Grüne Currypaste: Alle Zutaten im Multizerkleinerer oder mit dem Mixstab zu einer cremigen Paste pürieren und mit Salz abschmecken.
2. Dip: Sojajoghurt und 2 EL Currypaste zu einer glatten Soße verrühren.
3. Die Tofustücke mit der restlichen Gewürzpaste rundum bestreichen, für mindestens 1 Stunde kalt stellen und marinieren lassen.
4. Den Tofu abwechselnd mit Frühlingszwiebeln und Paprika auf Spießchen stecken. Wichtig für gleichmäßiges Braten: Die Frühlingszwiebeln und Paprika dürfen nicht dicker als der Tofu sein, sonst liegen die Tofustücke nicht in der Pfanne auf und werden nicht schön knusprig.
5. Öl in einer beschichteten Pfanne erhitzen, die Tofuspießchen darin auf beiden Seiten anbraten.
6. Den grünen Currydip zu den Spießchen reichen.

Pilztofu und Gemüse

Alles von einem Blech

Das spart Zeit und Arbeitl: Der Tofu simmert in einer aromatischen Soße, das Gemüse entwickelt appetitliche Röstaromen, und beide ergänzen sich auf das Feinste. Die würzige Soße harmoniert auch mit dem gebratenen Gemüse, und das herzhafte Gemüse passt hervorragend zum zarten Tofu.

Zutaten für 4 Portionen:

Tofu

200 g Tofu Natur, dünne Scheibchen
Salz
200 g Champignons, geviertelt
100 g Lauch, sehr feine Streifen
100 ml Traubensaft
2 EL Öl
2 EL Zitronensaft
2 EL Sojasoße
½ TL frischer Ingwer, fein gehackt
¼ TL Thymian
Pfeffer

Gemüse

4 EL Öl
4 kleine Tomaten, halbiert
400 g Kürbis (Muskat, Butternuss oder Hokkaido), dünne Scheiben
4 Stängel Bleichsellerie, Streifen
2 Karotten, dünne Streifen
Salz
½ TL Thymian

Zubereitung:

1. Tofu: Auf den Boden einer ofenfesten Form (am besten aus Metall) den Tofu legen, leicht salzen.
2. Pilze und Lauch daraufschichten.
3. Traubensaft, Öl, Zitronensaft, Sojasoße, Ingwer, Thymian und Pfeffer verrühren. Die Marinade über Tofu, Pilze und Lauch gießen.
4. Den Backofen auf 200 °C Umluft (Ober-/Unterhitze 220 °C) vorheizen. Zwei Backbleche dünn mit Öl bestreichen. Die Form auf eines der Backbleche stellen.
5. Tomaten (Schnittflächen nach oben), Kürbis, Bleichsellerie und Kartoffeln in einer Schicht auf den Backblechen verteilen, leicht salzen, mit Thymian würzen, mit Öl beträufeln.
6. Alles im Backofen ca. 25 min braten (bei Ober-/Unterhitze die zwei Bleche nacheinander). Der Tofu soll von einer würzigen Soße umgeben und das Gemüse knusprig gebraten sein.
7. Den Pilztofu portionsweise mit dem Ofengemüse anrichten.

Dazu schmeckt Kartoffelpüree (S. 207), Bulgur, Couscous, Reis oder Vollkornbaguette.

Wirsing mit Kräuter-Nuss-Füllung aus dem Dampf

Zutaten für 4 Portionen:

12 mittelgroße Wirsingblätter
Salz

Füllung

250 g Tofu Natur
2 Knoblauchzehen, fein gehackt
1 Frühlingszwiebel, feine Ringe
2 EL Petersilie, fein gehackt
2 TL Minze, fein gehackt
1 EL Cashewnüsse, fein gehackt
1 EL Sojasoße
1 TL frischer Ingwer, fein gehackt
Schale von ½ Biozitrone, abgerieben
½ TL Koriander, zerstoßen
Muskat
Chili

Zubereitung:

1. Wirsingblätter in kochendem Salzwasser 30 Sekunden blanchieren, eiskalt abschrecken und abtropfen lassen, das erhält die strahlend grüne Farbe.
2. Den Tofu mit der Gabel fein zerkrümeln, mit Knoblauch, Frühlingszwiebeln, Petersilie, Minze, Cashewnüssen, Sojasoße, Ingwer, Zitronenschale, Koriander und Muskat zu einer festen Masse verkneten. Die Füllung mit Salz und Chili abschmecken.
3. Daraus Bällchen (ca. 3 cm Durchmesser) formen.
4. In die Mitte jedes Wirsingblattes ein Tofubällchen setzen. Das Wirsingblatt über dem Bällchen zusammenfassen. Die Wirsingsäckchen mit Küchengarn zusammenbinden oder mit je zwei Zahnstochern über Kreuz zusammenstecken.
5. Die Wirsingsäckchen in einen Siebeinsatz setzen, zugedeckt über Wasserdampf 12 min lang garen. Zu den Wirsingsäckchen die Paprikasoße reichen.

Paprikasoße

2 rote Paprika
Schale von ¼ Biozitrone, abgerieben
1 TL Zitronensaft
Muskat
Salz
Chili

1. Reichlich Wasser zum Kochen bringen. Die ganzen Paprikaschoten darin in ca. 15 min weich kochen.
2. Paprika abgießen, Stielansatz und Kerne entfernen. Fruchtfleisch in Stücke schneiden.
3. Die Paprika mit dem Mixstab fein pürieren. Die Soße mit Zitronenschale, Muskat, Salz und Chili würzen.

Einfaches Grundrezept Die Paprikasoße schmeckt auch zu Kohlrouladen (S. 201), Tofuburgern (S. 83) oder Tempehkebab (S. 89), wenn diese mit Reis oder einer anderen Beilage serviert werden.

Gebackene Auberginen mit Misocreme

In Japan ist die Kombination von Auberginen und Miso sehr beliebt. Die weich gebratenen Auberginen haben eine zarte Konsistenz und zerschmelzen fast im Mund. Das süßlich-pikante Miso entwickelt beim Erhitzen eine Karamellnote, bringt Röstaromen und das begehrte Umami iin diese schnell und einfach zubereitete Vorspeise.

Zutaten für 4 Portionen:

Creme

120 g braunes Miso (Mugi-Miso)
6 EL Medium Sweet Sherry (oder Reiswein)
2 TL Zucker
Schale von ¼ Biozitrone, abgerieben

Auberginen

800 g Auberginen
6 EL Öl
2 EL geröstete Mandelblättchen
2 EL Kräuterblättchen (Petersilie, Minze, Koriander, Basilikum)

Zubereitung:

1. Creme: In einem kleinen Topf Miso, Sherry und Zucker glatt rühren, unter Rühren bei milder Hitze langsam zum Kochen bringen und dann sofort vom Herd nehmen. Zitronenschale untermischen.
2. Den Backofen auf 200 °C Ober-/Unterhitze (180 °C Umluft) vorheizen.
3. Auberginen in ca. 1,5 cm dicke Scheiben schneiden. Besonders einfach und gleichmäßig gelingt das mit der Brotschneidemaschine.
4. Ein Backblech dünn mit Öl bestreichen. Die Auberginen nebeneinander darauflegen, mit wenig Öl bestreichen und 10 min lang braten.
5. Die Auberginen umdrehen, mit wenig Öl bestreichen und für weitere 10 min braten. Die Auberginen sollten gar und appetitlich weich sein.
6. Die Auberginen aus dem Ofen nehmen und auf der Oberseite mit der Misocreme bestreichen.
7. Den Backofengrill auf 250 °C stellen. Die Auberginen noch ca. 3 min lang grillen, bis sich kleine dunkle Pünktchen auf der Oberfläche zeigen.
8. Die Misoauberginen mit Mandelblättchen bestreuen. Besonders gut schmecken diese kurz in einer Pfanne ohne Öl angeröstet. Mit Kräutern garnieren.

Tofu-Kokos-Bällchen

Die Bällchen schmecken heiß und kalt. Als Fingerfood können sie auch mit Früchten oder Gemüse auf Spießchen gesteckt werden. Gemeinsam mit dem Pfirsich-Chutney sind sie ein Hingucker und zu jeder Gelegenheit beliebt, egal ob Kindergeburtstag oder Gartenparty.

Zutaten für 4 Portionen:

400 g fester Tofu Natur
50 g ungesüßte Kokosraspeln
2 EL Sojasoße
3 Frühlingszwiebeln, sehr fein geschnitten
3 EL Petersilie, fein gehackt
3 Knoblauchzehen, fein gehackt
1 TL brauner Zucker
Schale von ½ Biozitrone, abgerieben
2 TL frischer Ingwer, fein gehackt
½ TL Currypulver
Salz
2–3 EL Weizenmehl
Öl zum Braten

Zubereitung:

1. Tofu trockentupfen, mit der Gabel fein zerdrücken. Den Tofu, Kokosflocken, Sojasoße, Frühlingszwiebeln, Petersilie, Knoblauch, Zucker, Zitronenschale, Ingwer, Curry, Salz und Mehl zu einer festen, geschmeidigen Masse verkneten.
2. Kleine Bällchen (2,5 cm Durchmesser) daraus formen.
3. In einer Pfanne reichlich Öl erhitzen. Die Tofu-Kokos-Bällchen darin rundum knusprig braten (nicht zu viele auf einmal).
4. Die Tofu-Kokos-Bällchen auf Küchenpapier abtropfen lassen und im Ofen bei 60 °C warm halten, bis die gesamte Masse verarbeitet ist.

Pfirsichchutney

500 g reife, gelbe Pfirsiche
2 EL brauner Zucker
2–3 getrocknete Chilischoten,
3 EL Zitronensaft
Schale von ½ Biozitrone, abgerieben
Saft von 1 Orange
1 TL frischer Ingwer, fein gehackt
¼ TL Zimt
4 Kardamomkapseln, Samen zerstoßen
Salz

Für ca. 400 g Chutney die Pfirsiche ca. 15 Sekunden in kochendes Wasser legen, abgießen, abziehen und in Würfel schneiden. Die Pfirsichstücke mit den restlichen Zutaten in einem kleinen Topf verrühren und zugedeckt 10 min köcheln.

Variationen Auch mit Zwetschgen oder säuerlichen Äpfeln (oder beidem kombiniert) zubereitet, schmeckt das Chutney hervorragend.

Sesam-Sherry-Tofu auf Zitronengemüse

Für ein optimales Ergebnis werden in der asiatischen Küche einzelne Komponenten eines Gerichts getrennt zubereitet und oft erst auf dem Teller vereint. Der Vorteil: Jede Zutat bekommt ihre perfekte Garzeit, der Tofu wird knusprig gebraten und von einer leicht gebundenen Soße umhüllt. Das Gemüse bleibt knackig mit frischem Zitrusaroma. Und beide passen hervorragend zusammen.

Zutaten für 2 Portionen:

Tofu

100 ml	Medium Sweet Sherry
4 EL	Sojasoße
2 TL	geröstetes Sesamöl
1 TL	frischer Ingwer, fein gehackt
	Chili
½ TL	Speisestärke (Pfeilwurzmehl)
2 EL	Öl
200 g	Tofu, Würfel
2 TL	gerösteter (schwarzer) Sesam

Gemüse

2 EL	Öl
1	kleine Zwiebel, fein gehackt
400 g	Wurzelgemüse (Karotten, Kohlrabi, Petersilienwurzel, Pastinaken, Sellerie), feine Streifen
200 ml	Gemüsebrühe
Schale	von ½ Biozitrone, abgerieben
1 TL	frischer Ingwer, fein gehackt
½ TL	Speisestärke (Pfeilwurzmehl)
1 EL	Zitronensaft
2	Frühlingszwiebeln, feine Ringe

Zubereitung:

1. Tofu: Sherry, Sojasoße, Sesamöl, Ingwer, Chili und Speisestärke glatt rühren.
2. Öl im Wok oder einer beschichteten Pfanne erhitzen. Den Tofu darin für ca. 3 min rundum knusprig hellbraun braten.
3. Mit der Soßenmischung aufgießen und unter Rühren erhitzen, bis die Soße bindet. Den Tofu aus dem Wok nehmen und warm halten.
4. Gemüse: Öl im Wok erhitzen. Zwiebeln darin zuerst weich dünsten, dann unter Rühren goldbraun braten.
5. Das Wurzelgemüse dazugeben, leicht salzen, unter Rühren 3 min lang braten.
6. Mit Gemüsebrühe aufgießen, mit Zitronenschale und Ingwer würzen und zugedeckt ca. 4 min lang köcheln. Das Gemüse sollte weich mit Biss sein.
7. Speisestärke mit 2 EL kaltem Wasser glatt rühren, unter das Gemüse mischen und erhitzen, bis die Soße bindet. Mit Zitronensaft abschmecken und mit Frühlingszwiebeln bestreuen.
8. Das Zitronengemüse portionsweise anrichten, den Tofu mit der Sherrysoße daraufgeben und mit Sesam bestreuen.

WIE BEI OMA

Spinat-Tofu-Knödel aus dem Dampf

Zutaten für 4 Portionen:

- **3 EL** Butter oder Margarine
- **4** Frühlingszwiebeln, feine Ringe
- **½** Bund Petersilie, fein gehackt
- **5** trockene Semmeln, Würfel
- **150 g** Spinat
- Salz
- **3** Eier (vegane Variante siehe unten)
- **200 ml** Sojadrink, ungesüßt
- **Schale** von ½ Biozitrone, abgerieben
- **½ TL** Liebstöckel
- **½ TL** Majoran
- Muskat, Pfeffer
- **200 g** Tofu Natur, zerkrümelt
- **2–5 EL** Weizenmehl

Zubereitung:

1. In einer Pfanne 2 ½ EL Butter erhitzen. Frühlingszwiebeln darin andünsten, Petersilie untermischen, kurz andünsten und alles sofort mit den Semmelwürfeln vermischen.
2. Den tropfnassen Spinat mit wenig Salz in einen Topf geben, zugedeckt 2 min zusammenfallen und danach in einem Sieb abtropfen lassen, ausdrücken und grob hacken.
3. Den Spinat, Eier, 120 ml Sojadrink, Zitronenschale, Liebstöckel, Majoran, Muskat, Pfeffer und Salz mit den Semmelwürfeln vermischen und etwas durchkneten.
4. Im Multizerkleinerer oder mit dem Mixstab aus Tofu und restlichem Sojadrink eine glatte Creme mixen und mit der Knödelmasse gut vermischen. Mehl nach und nach untermischen, bis eine gut formbare Masse entsteht, und mit Salz, Pfeffer und Muskat abschmecken.
5. Den Boden eines Siebeinsatzes mit der restlichen Butter bestreichen, die Knödel nebeneinander hineinsetzen, zugedeckt über Wasserdampf (oder in sanft kochendem Salzwasser) ca. 12 min lang garen.
6. Die Knödel z. B. mit Pfifferlingen in Miso-Sahne-Soße servieren.

Vegane Variante Eier ersetzen durch 2–3 EL Sojamehl, vermischt mit 4–6 EL kaltem Wasser.

Pfifferlinge in Miso-Sahne

- **1 EL** Öl
- **1** Zwiebel, fein gehackt
- **4 EL** Petersilie, fein gehackt
- **800 g** Pfifferlinge, kleine Stücke
- Salz, Pfeffer
- **150 ml** Sojasahne
- **2 TL** helles Miso (Shiro-Miso)

1. Öl in einem flachen Topf erhitzen. Zwiebel darin glasig dünsten. 2 EL Petersilie untermischen, kurz andünsten, dann alles kurz unter Rühren anrösten.
2. Pfifferlinge untermischen, mit Pfeffer und wenig Salz würzen und unter Rühren 5 min braten.
3. Sojasahne und Miso glatt rühren, mit den Pilzen vermischen, noch 3 min lang köcheln und mit Pfeffer würzen.

Frosti-Schnitzel

Außen knusprig gebraten, innen zart, saftig und aromatisch … ein Klassiker, der sowohl heiß als auch kalt schmeckt. Ganz wichtig für den Erfolg: Den Frosti-Tofu zuerst etwas ausdrücken, dann saugt er die würzige Marinade besonders gut auf. Durch das Panieren wird die Marinade im Tofu eingeschlossen, und das gebratene Frosti-Schnitzel bleibt saftig. Die klassische Beilage zum Schnitzel sind Kartoffelsalat (S. 123) und grüner Salat.

Zutaten für 4 Portionen:

500 g gefrorener Frosti-Tofu (S. 67)

Marinade

120 ml Gemüsebrühe
3 EL Sojasoße
2 TL Tomatenmark
2 TL Senf
1 TL Zitronensaft
½ TL brauner Zucker
2 Knoblauchzehen, gepresst
1 TL Koriander, zerstoßen
½ TL Thymian
Muskat
Ingwer, gemahlen

Panade

2 Eier (vegane Variante siehe unten)
60 g Weizenmehl
80 g Semmelbrösel

Außerdem

Öl zum Braten
Zitronenspalten
Petersilie

Zubereitung:

1. Den Frosti-Tofu auftauen lassen, in dünne Scheiben (8 mm) schneiden, etwas ausdrücken.
2. Alle Zutaten für die Marinade verrühren.
3. Die Tofuscheiben kurz in die Marinade tauchen, nebeneinander auf einen flachen Teller legen. Den Tofu mit der restlichen Marinade bestreichen und für 3 Stunden kalt stellen, so kann der Frosti-Tofu die Aromen gut aufnehmen.
4. Für das Panieren das Mehl, die verquirlten Eier und die Semmelbrösel jeweils in einen Suppenteller geben.
5. Mit Küchenpapier die überschüssige Marinade auf dem Tofu abtupfen.
6. Den Tofu im Mehl wenden und etwas abschütteln, damit der Tofu nur von einer dünnen Schicht Mehl bedeckt ist.
7. Den Tofu durch das Ei ziehen, abtropfen lassen und sofort in den Semmelbröseln wenden, überschüssige Semmelbrösel leicht abschütteln.
8. Die panierten Tofuschnitzel sofort braten, sonst wird die Panade feucht, und die Schnitzel werden nicht knusprig.
9. Reichlich Öl (2–3 cm hoch) in einer Pfanne erhitzen. Die Schnitzel im Öl schwimmend auf beiden Seiten goldbraun ausbacken. Dabei am besten nicht zu viele Schnitzel auf einmal braten.
10. Die Frosti-Schnitzel auf Küchenpapier abtropfen lassen, eventuell im Ofen warm halten und mit Zitronenspalten und Petersilie anrichten.

Vegane Variante Eier ersetzen durch 2 EL Sojamehl, verrührt mit 4–6 EL kaltem Wasser.

Völlig falscher Hase

Der völlig falsche Hase kann gut vorbereitet werden, die Zutaten sind preisgünstig, und es lässt sich damit spielend auch eine größere Anzahl Gäste bewirten. Zum perfekten Sonntagsessen wird dieser herzhafte „Braten“ aus dem Backofen mit der Zwiebel-Weißwein-Soße und Kartoffelpüree (S. 207) und Rotkohl (S. 195).

Zutaten für 4–6 Portionen:

Sojahack

80 g	Sojagranulat
3 EL	Öl
4 EL	Sojasoße
3 EL	Tomatenmark

Masse

200 g	Tofu Natur
1	altes, trockenes Brötchen
2	Eier (vegane Variante siehe unten)
1	Zwiebel, fein gehackt
3	Knoblauchzehen, fein gehackt
½ Bund	Petersilie, fein gehackt
2 EL	Kapern, fein gehackt
1–2 EL	Sojasoße
1 TL	frischer Ingwer, fein gehackt
1 EL	Senf
1 TL	Majoran
3–4 EL	Weizenmehl
3–4 EL	Semmelbrösel
	Muskat
	Pfeffer

Außerdem

Öl für die Form und das Braten im Ofen

Zubereitung:

1. Sojagranulat in reichlich kaltem Wasser 15 min lang einweichen, abgießen, abtropfen lassen und leicht ausdrücken.
2. In einer Pfanne 2 EL Öl erhitzen. Das Sojagranulat darin unter Rühren anbraten. Sojasoße und Tomatenmark untermischen und unter Rühren braten, bis die Flüssigkeit verdampft ist.
3. Tofu mit der Gabel sehr fein zerbröseln. Der Tofu sollte die Konsistenz von Hackfleisch haben.
4. Ein trockenes Brötchen in kaltem Wasser einweichen, gut ausdrücken und fein zerpflücken.
5. Den Sojahack, Tofu, Brötchen, Eier, Zwiebeln, Knoblauch, Petersilie, Kapern, Sojasoße, Ingwer, Senf und Majoran vermischen. Semmelbrösel und Mehl nach und nach einarbeiten und alles zu einer kompakten Masse verkneten. Mit Muskat, Salz und Pfeffer abschmecken.
6. Den Backofen auf 180 °C Ober-/Unterhitze (Umluft: 160 °C) vorheizen. Eine ofenfeste Form (z. B. eine lange Brotbackform) mit Öl bestreichen. Die Masse ca. 5 cm hoch darin verteilen und glatt streichen. Eventuell noch eine zweite Backform verwenden.
7. Den Hackbraten mit etwas Öl bestreichen, im vorgeheizten Ofen 30–45 min lang braten.

Vegane Alternative Eier ersetzen durch 2 EL Haferflocken, vermischt mit 4 EL Wasser. Die Haferflocken quellen lassen und auch etwas mehr Semmelbrösel und Mehl einarbeiten.

Gebeizter Brattofu „Halali“

Gebratener Tofu „Halali“ ist ein herzhafter Leckerbissen und schmeckt auch kalt aufs Brot oder in Streifen geschnitten in Salaten – ein idealer Begleiter für den Ausflug in den Wald oder das Picknick im Park. Der Tofu hält sich in der Beize 2–3 Tage und wird immer würziger.

Zutaten für 4 Portionen:

500 g Tofu Natur, 1 cm dünne Scheiben
1 EL Öl

Beize

2 EL Rotweinessig
6 EL Rotwein
4 EL Sojasoße
4 EL Öl
200 ml Wasser
2 Knoblauchzehen, fein gehackt
1 TL Thymian
2 Lorbeerblätter
6 Wacholderbeeren
8 schwarze Pfefferkörner

Zubereitung:

1. Tofu in eine Schüssel geben.
2. Alle Zutaten für die Beize in einen kleinen Topf geben und aufkochen.
3. Den Tofu mit der Beize übergießen und für mindestens 6 Stunden im Kühlschrank ziehen lassen.
4. Den Tofu aus der Beize nehmen, abtropfen lassen. Öl in einer beschichteten oder gusseisernen Pfanne erhitzen und den Tofu darin auf jeder Seite ca. 2 min lang braten.
5. Den Tofu portionsweise mit Apfelrotkohl und Pellkartoffeln anrichten.

Apfelrotkohl

Zutaten für 4 Portionen:

2 EL Öl
1 Zwiebel, fein gehackt
600 g Rotkohl, fein gehobelt
Salz
2 EL Zitronensaft
2 saftige, säuerliche Äpfel, kleine Stücke
2 Nelken
1 Zimtstange
Salz

Zubereitung:

1. Öl in einem flachen Topf erhitzen. Zwiebeln darin glasig dünsten. Rotkohl dazugeben, leicht salzen, 3 min lang unter Rühren braten.
2. Zitronensaft, Äpfel, Nelken, Zimtstange und 100 ml Wasser untermischen und mit Salz würzen. Den Rotkohl zugedeckt 20 min bei milder Hitze dünsten, wenn notwendig, noch ein paar Löffel Wasser dazugeben. Der Rotkohl sollte weich sein, aber noch einen guten Biss haben.

Geschnetzeltes Stroganoff mit Pilzen

Ein kulinarischer Klassiker! Das kleine Geheimnis, damit das Geschnetzelte seinen „fleischigen" Biss behält: Das Geschnetzelte und die Pilzsoße getrennt zubereiten und erst am Schluss vermischen.

Zutaten für 2 Portionen:

Geschnetzeltes

40 g Sojageschnetzeltes
2 EL Öl
Salz
Muskat
½ TL Thymian
Pfeffer
4 EL Weißwein
2 EL Sojasoße

Pilze

2 EL Öl
1 Zwiebel, fein gehackt
250 g Champignons, dünne Scheiben
250 g Shiitakepilze, dünne Scheiben oder Stücke
Muskat
Salz
Pfeffer
200 ml Sojasahne
½ TL Speisestärke
50 ml Weißwein

Garnitur

2 EL Petersilie, fein gehackt

Zubereitung:

1. Sojageschnetzeltes mit reichlich kaltem Wasser vermischen, 15 min lang quellen lassen, abgießen, abtropfen lassen und leicht ausdrücken.
2. Öl in einer beschichteten Pfanne erhitzen. Das Geschnetzelte darin unter Rühren anbraten, leicht salzen, mit Muskat, Thymian und Pfeffer würzen. Das Geschnetzelte soll sich stellenweise appetitlich goldbraun verfärben.
3. Mit Weißwein ablöschen, unter Rühren erhitzen, bis die Flüssigkeit fast verdampft ist. Sojasoße untermischen und unter Rühren braten, bis die gesamte Flüssigkeit verdampft ist.
4. Für die Pilze: Öl erhitzen, Zwiebeln darin weich dünsten. Champignons und Shiitakepilze dazugeben, mit Muskat, Salz und Pfeffer würzen und unter Rühren kurz anbraten.
5. Mit Sojasahne aufgießen und die Pilze 4 min lang köcheln lassen. Speisestärke mit dem Weißwein glatt rühren und unter die Pilze mischen. Einen Moment köcheln, bis die Soße bindet.
6. Das Geschnetzelte mit den Pilzen vermischen, kurz erhitzen. Das Geschnetzelte Stroganoff mit Petersilie bestreuen und z. B. mit breiten Nudeln servieren.

Variationen in Pilz

Die Soße auch mit Steinpilzen, Pfifferlingen und Austernpilzen zubereiten oder nur Champignons dafür verwenden.

Pikanter Flammkuchen mit Birne und Räuchertofu

Zutaten für 4 Flammkuchen:
(ca. 30 × 22 cm)

Teig

500 g Weizenmehl
1 Päckchen Trockenhefe
250–300 ml Sojadrink, ungesüßt und lauwarm
5 EL Olivenöl
1 TL Salz

Haselnuss-Crème-fraîche

300 ml Sojasahne
3 EL Haselnussmus
1 EL Zitronensaft
Muskat, Salz, Pfeffer

Belag

200 g Räuchertofu, kleine Würfel
4 EL Sojasoße
2 TL Tomatenmark
8 EL Olivenöl
2 rote Zwiebeln (200 g), feine Ringe
16 Kirschtomaten, halbiert
300 g kleine, feste Zucchini, dünne Scheiben
2 Birnen, feine Spalten
1 TL Koriander
1 TL Rosmarin

Garnitur

1 Birne, feine Scheiben

Zubereitung:

1. Mehl, Trockenhefe, Sojadrink, Öl und Salz in einer Schüssel zuerst vermischen, dann einen geschmeidigen Teig kneten (oder mit dem Knethacken der Küchenmaschine zubereiten). Zugedeckt für 1 Stunde gehen lassen, der Teig soll mindestens auf das Doppelte anwachsen.
2. Haselnuss-Crème-fraîche: Sojasahne, Haselnussmus und Zitronensaft mit dem Mixstab zu einer glatten Creme verarbeiten und mit Muskat, Salz und Pfeffer abschmecken.
3. Für den Belag: Räuchertofu mit Sojasoße, Tomatenmark und 2 EL Öl vermischen und etwas marinieren lassen.
4. Den Backofen auf 220 °C Ober-/Unterhitze (Umluft: 200 °C) vorheizen. Ein Backblech mit Backpapier belegen.
5. Den Teig kurz durchkneten, daraus 4 Teigkugeln formen. Die erste Teigkugel auf einer bemehlten Fläche sehr dünn (ca. 3 mm) ausrollen. Den Flammkuchenboden auf das Backblech legen.
6. Den Flammkuchenboden mit einem Viertel der Haselnuss-Crème-fraîche bestreichen, ein Viertel des Belags (Räuchertofu, Zwiebeln, Tomaten, Zucchini und Birnen) darauf verteilen.
7. Den Flammkuchen mit Koriander und Rosmarin bestreuen, mit etwas Olivenöl beträufeln und im vorgeheizten Ofen in 12–15 min knusprig backen.
8. Nacheinander die restlichen Flammkuchen fertigstellen.
9. Die Flammkuchen mit Birnenscheibchen garnieren.

Omas Kohlrouladen mit Tempeh

Zutaten für 4 Portionen:

100 g Langkornreis
Salz
1 großer Weißkohl
4 EL Öl
200 g Tempeh, fein gehackt
2 EL Sojasoße
5 EL passierte Tomaten
1 Zwiebel, fein gehackt
2 Knoblauchzehen, fein gehackt
Muskat
3 EL Petersilie, fein gehackt
½ TL edelsüßes Paprikapulver
Muskat
Chili
250 ml Gemüsebrühe

Zubereitung:

1. Langkornreis in Salzwasser bissfest kochen, abgießen, abtropfen lassen. Vom Kohlkopf 12 schöne große Blätter ablösen, dazu 100 g Kohlblätter für die Füllung.
2. Alle Kohlblätter in kochendem Salzwasser ½ min lang blanchieren, abgießen, abtropfen lassen. Die 100 g Kohlblätter für die Füllung fein schneiden.
3. In einer Pfanne 2 EL Öl erhitzen. Tempeh darin unter Rühren braten, bis es sich stellenweise braun verfärbt. Sojasoße und Tomatenpüree untermischen, unter Rühren kurz weiterbraten, dann aus der Pfanne nehmen.
4. In der Pfanne 2 EL Öl erhitzen, Zwiebeln und Knoblauch darin weich dünsten, dann goldbraun braten.
5. Den Backofen auf 180 °C Ober-/Unterhitze (160 °C Umluft) vorheizen. Reis, Kohlstreifen, Tempeh, Zwiebeln, Petersilie, Paprikapulver und Muskat vermischen und mit Salz und Chili würzen.
6. Auf jedes Kohlblatt 2–3 EL der Füllung geben. Die Blätter seitlich etwas einschlagen, aufwickeln, mit Zahnstochern feststecken. Die Kohlrouladen nebeneinander in eine flache Form legen, mit Gemüsebrühe übergießen, mit Öl bestreichen, im vorgeheizten Ofen ca. 25 min braten, dabei die Kohlrouladen ab und zu mit Garflüssigkeit übergießen. Die Kohlrouladen mit der Paprika-Tomaten-Soße anrichten.

Paprika-Tomaten-Soße

2 EL Öl
1 Zwiebel, fein gehackt
1 rote Paprika, kleine Stücke
500 g passierte Tomaten
100 ml Gemüsebrühe
1 TL edelsüßes Paprikapulver
½ TL Thymian
Salz, Chili

Öl erhitzen, Zwiebeln darin weich dünsten. Paprika dazugeben, unter Rühren anbraten, zugedeckt weich dünsten. Mit passierten Tomaten und Gemüsebrühe aufgießen, mit Paprikapulver, Thymian, Salz und Chili würzen. Die Soße zugedeckt für 10 min köcheln, danach mit dem Mixstab fein pürieren. Ergibt ca. 700 ml Soße.

Bauernschmaus – Bratkartoffeln mit Räuchertofu

Deftig, kräftig, schmeckt auf dem Land und in der Stadt! Wichtig für ein optimales Ergebnis: Räuchertofu und Kartoffeln werden getrennt in zwei Pfannen gebraten und erst im jeweils perfekten Garzustand vermischt. So kann sich der Tofu mit dem Aroma von Zwiebeln und Gewürzen vollsaugen, und die Kartoffeln werden schön knusprig.

Zutaten für 2 Portionen:

500 g	festkochende Kartoffeln
3 EL	Öl
1	Zwiebel, feine Ringe
3	Knoblauchzehen, dünne Scheiben
250 g	Räuchertofu, kleine Würfel
1 EL	Sojasoße
	Muskat
½ TL	Majoran
	Pfeffer
1 Bund	Schnittlauch, fein geschnitten

Zubereitung:

1. Kartoffeln mit Schale weich dämpfen, abziehen und in dünne Scheiben schneiden.
2. In einer großen, beschichteten Pfanne 2 EL Öl erhitzen. Die Kartoffeln darin knusprig braten, leicht salzen, ab und zu umrühren.
3. Gleichzeitig in einer beschichteten Pfanne 1 EL Öl erhitzen. Zwiebeln und Knoblauch darin zuerst bei milder Hitze weich dünsten, dann unter Rühren goldbraun braten. Tofu untermischen und unter Rühren anbraten.
4. Mit Sojasoße ablöschen, mit Muskat, Majoran und Pfeffer würzen und unter Rühren erhitzen, bis die Flüssigkeit verdampft ist.
5. Den Tofu mit den Röstkartoffeln vermischen, portionsweise anrichten und mit Schnittlauch bestreuen.

Pikanter Pfiff

Für ein kleines Extra an Geschmack, den Bauernschmaus auch mit feinen Essiggurkenscheiben garnieren.

Königsberger Klopse in Kapernsoße

Zutaten für 4 Portionen:

Klopse

100 g	Grünkern, grob geschrotet
200 ml	Gemüsebrühe
	Muskat
2	Pimentkörner, zerstoßen
½ TL	Liebstöckel
200 g	Tofu Natur
1 EL	Sojasoße
1 TL	Tomatenmark
1	kleine Zwiebel, fein gehackt
4	Knoblauchzehen, fein gehackt
1 Bund	Petersilie, fein gehackt
1 Bund	Schnittlauch, fein geschnitten
1 TL	Ingwer, fein gehackt
Schale	von ½ Biozitrone, abgerieben
2	Eier (vegane Variante siehe unten)
2–3 EL	Weizenmehl
2–3 EL	Semmelbrösel
	Salz, Pfeffer
	Öl für den Dämpfeinsatz

Soße

60 g	Butter oder Öl
60 g	Weizenmehl
1,2 L	Gemüsebrühe
2	Lorbeerblätter
4	Pimentkörner, zerstoßen
	Muskat
Schale	von ½ Biozitrone, abgerieben
1 ½ TL	frischer Ingwer, gehackt
90 ml	Sojasahne
60 ml	Weißwein
60 g	Kapern (abgetropft)

Zubereitung:

1. Klopse: Grünkernschrot in einer Pfanne (ohne Fett) ca. 2 min lang unter Rühren anrösten.
2. Gemüsebrühe zum Kochen bringen, das Grünkernschrot, Muskat, Piment und Liebstöckel einrühren. Unter Rühren 3 min lang bei schwacher Hitze köcheln. Den Topf vom Herd nehmen, das Grünkernschrot zugedeckt für 20 min quellen und abkühlen lassen.
3. Tofu mit der Gabel fein zerbröseln (er soll die Konsistenz von Hackfleisch haben). Den Tofu mit Sojasoße und Tomatenmark zu einer kompakten Masse verkneten.
4. Grünkern, Tofu, Zwiebeln, Knoblauch, Petersilie, Schnittlauch, Ingwer, Zitronenschale, Eier, Mehl und Semmelbrösel vermischen, mit Salz und Pfeffer abschmecken und alles zu einer kompakten Masse verkneten. Eventuell noch etwas Mehl oder Semmelbrösel einarbeiten.
5. Kleine Klopse (4 cm Durchmesser) formen. Den Boden eines Dämpfeinsatzes mit Öl bestreichen. Die Klopse nebeneinander daraufsetzen, zugedeckt über Wasserdampf ca. 12 min lang garen.
6. Für die Soße: Butter in einem Topf schmelzen lassen (oder Öl verwenden). Mehl darin bei milder Hitze unter Rühren anrösten, es soll sich hellbeige verfärben, dann die Gemüsebrühe mit dem Schneebesen unterrühren. Die Soße glatt rühren, mit Lorbeer, Piment, Muskat und Zitronenschale würzen, mit Salz und Pfeffer abschmecken.
7. 15–20 min lang köcheln, dabei ab und zu gut umrühren, sodass die Soße nicht ansetzt. Sojasahne und Weißwein mit dem Schneebesen in die Soße rühren. Kapern untermischen, mit Salz und Pfeffer abschmecken, kurz erhitzen.
8. Die Klopse in die Soße geben, mit Soße bedecken und ebenfalls kurz erhitzen. Dazu schmecken Pellkartoffeln und grüner Salat.

Vegane Variante Eier ersetzen durch 2–3 EL Sojamehl, vermischt und gequollen mit 4–6 EL Wasser.

Tofurostbraten in Zwiebel-Weißwein-Soße

Einfache Alternative zum Sonntagsbraten! Und dazu endlich eine richtige vegane Bratensoße – eine echte Bereicherung meiner Alltags- und Festtagsküche. Voraussetzung für den Erfolg ist die sorgfältige Zubereitung der Zwiebeln. Diese zuerst gut weich dünsten, dann unter Rühren goldbraun braten ist hier die Devise.

Zutaten für 4 Portionen:

Soße

3 EL Öl
2 Zwiebeln, feine Ringe
3 EL Sojasoße
½ TL brauner Zucker
1 EL Tomatenmark
Muskat
200 ml Weißwein
100 ml Wasser
1 TL frischer Ingwer, fein gehackt
Muskat
¼ TL Thymian

Tofu

2 EL Öl
500 g weicher Tofu Natur, dünne Scheiben
2 EL Sojasoße

Zubereitung:

1. Soße: Öl erhitzen. Zwiebeln darin zuerst bei niedriger Temperatur langsam weich und glasig dünsten (ca. 15 min), dann bei guter Hitze unter Rühren goldbraun braten.
2. Sojasoße und Zucker untermischen, kurz unter Rühren braten. Tomatenmark untermischen, alles kurz unter Rühren anrösten.
3. Mit Weißwein und Wasser ablöschen, mit Ingwer, Muskat und Thymian würzen und ca. 8 min lang etwas einköcheln.
4. Den Tofu auf beiden Seiten dünn mit Sojasoße bestreichen. Öl in einer Pfanne erhitzen, den Tofu darin auf beiden Seiten nur kurz anbraten, so wird der Tofu appetitlich braun.
5. Den Tofu in die Zwiebel-Weißwein-Soße legen, einige Minuten köcheln. Bei Bedarf etwas Weißwein oder Wasser angießen. Den Tofu in Zwiebel-Weißwein-Soße mit Kartoffelpüree servieren.

Kartoffelstampf

Zutaten für 4 Portionen:

1 kg mehlige Kartoffeln, Spalten
250 ml Sojadrink, ungesüßt
50 g Butter oder Margarine
Muskat
Salz

Zubereitung:

1. Kartoffeln im ungelochten Einsatz des Schnellkochtopfs unter Druck ca. 8 min lang weich garen oder im normalen Topf in reichlich Salzwasser kochen, abgießen, abtropfen lassen.
2. Sojadrink aufkochen. Kartoffeln, Sojadrink, Butter, Salz und eine gute Prise Muskat mit dem Kartoffelstampfer zu einem cremigen Kartoffelpüree verarbeiten.

Riesige Neujahrsbrezel

Bei uns zu Hause gab es diese Riesenbrezel am Neujahrstag zum Frühstück. Sie schmeckt aber das ganze Jahr und den ganzen Tag, am Morgen mit Marmelade bestrichen und am Abend pur zu einem Glas Wein.

Zutaten für 1 Brezel (ca. 25 × 35 cm):

- **30 g** frische Hefe
- **2 TL** Zucker
- **220–250 ml** Sojadrink, ungesüßt und lauwarm
- **500 g** Weizenmehl
- **125 g** weiche Butter oder Margarine, kleine Stücke
- **1** Ei (vegane Variante siehe unten)
- **1 TL** Salz
- **1** Eigelb (vegane Variante siehe unten)

Zubereitung:

1. Hefe fein zerbröseln, mit Zucker und 4 EL Sojadrink verrühren, für ca. 15 min stehen lassen, bis sich kleine Blasen bilden und sich das Volumen verdoppelt hat.
2. Mehl, aufgelöste Hefe, restlichen Sojadrink, Butter, das ganze Ei und Salz gut vermischen und zu einem glatten Teig kneten, der nicht mehr an den Fingern kleben bleibt (oder alles in der Rührmaschine zu Teig verarbeiten).
3. Den Teig zugedeckt in einer Schüssel 1 Stunde lang gehen lassen.
4. Den Backofen auf 180 °C Ober-/Unterhitze (160 °C Umluft) vorheizen. Ein Backblech mit Backpapier belegen.
5. Aus drei Viertel des Teigs eine ca. 120 cm lange Rolle formen, daraus auf dem Backpapier eine Brezel legen. Den oberen Rand der Brezel etwas flach drücken.
6. Den restlichen Teig in drei gleich große Stücke teilen, jeweils eine Rolle formen, daraus einen kleinen Zopf flechten.
7. Die Brezel in der Länge des Zopfs einmal längs einritzen. Den Teigzopf darauf legen.
8. Die Brezel noch für 15 min gehen lassen. Eigelb mit 1 TL Wasser verquirlen. Die Brezel damit bestreichen und auf der zweiten Schiene von unten im vorgeheizten Ofen in 40–50 min knusprig goldbraun backen und auf einem Kuchengitter auskühlen lassen.

Vegane Variante In Schritt 2 das Ei durch etwas Sojadrink ersetzen. In Schritt 8 wird ¼ TL gemahlenes Kurkuma mit 4 EL Wasser verrührt und die Neujahrsbrezel damit bestrichen.

PASTA

Spaghetti mit Tomaten-Miso-Sugo

Tomaten und Miso sind eine ideale Kombination, um reichlich Umami in die Soße zu bringen. Herzhaft, würzig und pikant: Der sogenannte fünfte Geschmack bereichert das schnell und einfach zubereitete Pastagericht. Sehr praktisch: Die Soße lässt sich schon am Vortag in größeren Mengen zubereiten.

Zutaten für 4 Portionen:

Sugo

3 EL Olivenöl
1 Zwiebel, fein gehackt
3 Knoblauchzehen, fein gehackt
800 g geschälte Tomaten, kleine Stücke
½ TL Thymian
2 Lorbeerblätter
Pfeffer
30 g braunes Miso (Mugi-Miso)
Salz

Außerdem

400 g Spaghetti
4 EL frische Kräuter, fein gehackt (Basilikum, Petersilie)

Zubereitung:

1. Olivenöl in einem Topf erhitzen. Zwiebeln und Knoblauch darin bei milder Hitze zuerst glasig weich dünsten, dann unter Rühren goldgelb braten.
2. Tomaten untermischen, mit Thymian, Lorbeer und Pfeffer würzen. Da das Miso salzig ist, hier zunächst nicht salzen. Den Sugo zugedeckt ca. 15 min lang köcheln.
3. Spaghetti in reichlich Salzwasser bissfest kochen, abgießen, abtropfen lassen.
4. Das Miso erst unmittelbar vor dem Essen in den Sugo geben, alles gut verrühren, einen Moment erhitzen, mit Pfeffer und eventuell mit Salz abschmecken.
5. Die Spaghetti portionsweise mit dem Tomaten-Miso-Sugo anrichten und mit reichlich frischen Kräutern bestreuen.

Tomatenvielfalt

Besonders gut schmeckt dieses einfache Rezept mit den geschälten San-Marzo-Tomaten aus der Dose. Im Sommer empfehle ich, den Sugo mit frischen, sonnenreifen Tomaten zuzubereiten.

Eine Soße sorgt für Abwechslung

Die würzige Tomatensoße passt auch zu gegrilltem Gemüse, zu gedämpftem Blumenkohl, Polenta, Gnocchi oder Schlipfkrapfen (S. 231).

Zucchininudeln mit Pestotofu

Auch beim einfachsten Rezept sind es oft Kleinigkeiten, die ein maximales Ergebnis bringen. Hier lautet die Formel für den Erfolg: klein und dünn schneiden! Den Tofu in winzige Würfelchen, nur so entsteht genügend Oberfläche, damit das Pesto den Tofu gut aromatisieren kann. Auch die Zucchini sollten sehr dünn (2–3 mm) geschnitten und unter ständigem Rühren gebraten werden. Dann erreicht man in sehr kurzer Zeit diesen flüchtigen, aber besonders köstlichen Zustand, der knackig gebratene, strahlend grüne und frisch schmeckende Zucchini auszeichnet. Am besten eignen sich für dieses Rezept kleine, feste Zucchini.

Zutaten für 2 Portionen:

Tofu

150 g Tofu Natur, sehr klein gewürfelt (3 × 3 mm)
2 TL Sojasoße

Pesto

50 g Basilikum, geschnitten
1 EL Minze, geschnitten
1 TL Liebstöckel, geschnitten
2 EL Mandeln, gehackt
2 Knoblauchzehen, gehackt
4 EL Olivenöl
1 EL Zitronensaft
Schale von ½ Biozitrone, abgerieben
¼ TL Salz
Pfeffer

Nudeln

160 g Penne
1 EL Olivenöl
400 g kleine, feste Zucchini, längs halbiert, 3 mm dünne Scheibchen

Außerdem

Kräuterblättchen
Pfeffer, frisch gemahlen

Zubereitung:

1. Tofu und Sojasoße vermischen.
2. Im Multizerkleinerer aus Basilikum, Minze, Liebstöckel, Mandeln, Knoblauch, Olivenöl, Zitronensaft, Zitronenschale, Salz und Pfeffer ein Pesto mixen.
3. Den Tofu mit 2 EL Pesto gut vermischen und etwas marinieren lassen.
4. Penne in reichlich Salzwasser bissfest kochen.
5. Erst kurz bevor die Nudeln fertig sind, 1 EL Olivenöl in einer großen Pfanne erhitzen. Zucchini darin bei guter Hitze nur so lange braten, bis diese vom Rand her glasig werden, in der Mitte aber noch fast roh sind. Den Tofu untermischen und alles nur einen Moment erhitzen.
6. Die Penne abgießen, dabei 2–4 EL Kochwasser auffangen, danach abtropfen lassen. Das restliche Pesto damit glatt rühren.
7. In einer vorgewärmten Schüssel die Penne zuerst mit dem Pesto, dann mit dem Tofu und der Zucchini vermischen, mit Zitronensaft, Salz abschmecken und mit Kräutern und Pfeffer bestreuen.

Pesto mit drei Kräutern

Abwechslung erfreut den Gaumen, darum habe ich dieses Pesto mit Basilikum, Minze und einem Hauch Liebstöckel zubereitet. Die drei Kräutchen ergänzen sich prima. Dass man mit Liebstöckel vielseitig würzen kann, habe ich von Apicius gelernt, einem Feinschmecker und Kochbuchautor, der um 30 v. Chr. im antiken Rom lebte.

Spaghetti „veggienese“

Der Klassiker unter den Spaghettisoßen wird hier mit einer Mischung aus geräuchertem Tofu und Tofu Natur zubereitet. Wichtig für den herzhaften Geschmack sind auch die Röstaromen, die das gut gebratene Gemüse beisteuert, und die Würzmischung aus Kräutern, Gewürzen, Rotwein und Sojasoße.

Für 4 Portionen:

150 g Tofu Natur
150 g Räuchertofu
3 EL Olivenöl
1 Zwiebel, fein gehackt
5 Knoblauchzehen, fein gehackt
Muskat
¼ TL Koriander, zerstoßen
2 EL Haselnüsse, fein gehackt
1 kleine Karotte, kleine Würfel
50 g Sellerie, kleine Würfel
3 EL Sojasoße
1 TL brauner Zucker
1 TL Oregano
½ TL Thymian
Pfeffer
Pfeffer
600 g geschälte Tomaten, Würfel (z. B. aus der Dose)
5 EL Rotwein
2 Lorbeerblätter
Salz

Außerdem

400 g Spaghetti
4 EL frische Kräuter (Basilikum, Oregano, Petersilie), fein gehackt

Zubereitung:

1. Tofu und Räuchertofu mit einer Gabel fein zerbröseln.
2. Olivenöl in einer beschichteten Pfanne erhitzen. Zwiebel und Knoblauch darin zuerst bei milder Hitze glasig und weich dünsten, dann unter Rühren goldgelb braten. Eine gute Prise Muskat, Koriander und Haselnüsse untermischen und kurz anrösten.
3. Karotten und Sellerie dazugeben, unter Rühren 3 min lang gut braten. Den Tofu und den Räuchertofu dazugeben, unter Rühren für 3 min braten.
4. Sojasoße, Zucker, Oregano, Thymian und Pfeffer untermischen und weiter unter Rühren braten, bis der Tofu krümelig und trocken ist.
5. Gewürfelte Tomaten, Rotwein und Lorbeerblätter untermischen. Den Sugo noch ca. 15 min lang köcheln, mit Salz und Pfeffer abschmecken.
6. In der Garzeit der Soße die Spaghetti in reichlich Salzwasser bissfest kochen, abgießen und abtropfen lassen.
7. Die Spaghetti portionsweise mit der Soße anrichten und mit Kräutern bestreuen.

Zum Drüberstreuen Ganz nach persönlichem Geschmack die Spaghetti veggienese mit fein geraspeltem Parmesan oder gerösteten, gehackten Nüssen bestreuen. Ebenfalls würzig ist eine Mischung aus 3 EL gerösteten, gehackten Haselnüssen und ½ TL Hefeflocken.

Spaghetti mit Tomatensalsa und fermentiertem Tofu

So schmeckt der Sommer! Im Handumdrehen zubereitet, trifft hier Heißes auf Kaltes – die Spaghetti werden, wie man das in Bella Italia gerne isst, mit einer Salsa aus sonnenreifen Tomaten, viel Basilikum, Knoblauch und Olivenöl vermischt. Das Besondere an diesem Rezept ist der fermentierte Tofu (S. 65). Er rundet das kulinarische Vergnügen mit fein-würzigem Aroma ab.

Zutaten für 4 Portionen:

Soße

800 g	reife Tomaten
2	Knoblauchzehen, fein gehackt
1 Bund	Basilikum, fein geschnitten
	Salz
	Pfeffer
80 ml	Olivenöl

Außerdem

200 g	fermentierter Tofu
400 g	Spaghetti
	schwarzer Pfeffer, frisch gemahlen
20	Basilikumblättchen

Zubereitung:

1. Tomaten in sehr kleine Würfel schneiden. Oder noch besser: Tomaten für 15 Sekunden in kochendes Wasser legen, abgießen, abtropfen lassen und dann sehr klein würfeln.
2. Die Tomaten, Knoblauch, Basilikum, Salz und Pfeffer vermischen. Das Olivenöl nach und nach unterrühren.
3. Die Tomatensoße kalt stellen, so bildet sich reichlich aromatischer Saft.
4. Den fermentierten Tofu grob zerbröseln.
5. Die Spaghetti in Salzwasser bissfest kochen, abgießen und gut abtropfen lassen.
6. Die Spaghetti portionsweise mit der kalten Tomatensoße und fermentiertem Tofu anrichten, mit grob gemahlenem schwarzen Pfeffer und Basilikumblättchen bestreuen.

Zum Mitnehmen geeignet

Wer die Nudeln außer Haus genießen will, z. B. bei einem Picknick im Grünen, schreckt die Spaghetti kalt ab, lässt sie gut abtropfen, vermischt sie mit Salsa und fermentiertem Tofu und packt sie in ein großes Glas. Das wird am besten gekühlt transportiert.

Varianten

Statt fermentiertem Tofu passt auch Seidentofu, mit Teelöffeln in Klößchen abgestochen, auf die Sommerspaghetti. Oder du kannst die Spaghetti zusätzlich mit kurz gebratenen Zucchiniwürfeln und gerösteten Haselnüssen bestreuen, der Fantasie sind keine Grenzen gesetzt. Auch übrig gebliebene, gegrillte Paprika, gehäutet und in Streifen geschnitten, machen sich gut auf den Spaghetti!

Woknudeln mit Sesamtofu

Woknudeln gehören zu den beliebtesten „Take-away-Gerichten". Mit wenig Aufwand lässt sich dieses fernöstliche Nudelgericht auch in der eigenen Küche zubereiten – und mitnehmen. Ich verspeise die Nudeln gerne im nahe gelegenen Park. Besonders gut schmecken sie mit dem etwas weicherem Tofu Natur. Dieser sogenannte Baumwolltofu nimmt das Aroma der Soße besonders gut auf. Man findet ihn z. B. in Asiageschäften.

Zutaten für 2 Portionen:

Tofu

2 EL Öl
200 g Tofu Natur, feine Scheiben (0,5 × 1,5 × 4 cm)
2 Knoblauchzehen, fein gehackt
80 ml Medium Sweet Sherry
250 ml Gemüsebrühe
2 EL Sojasoße
1 TL Ingwer, fein gehackt
Chili
2 TL Sesamöl
1 TL (gestrichen) Speisestärke (Pfeilwurzmehl)

Gemüse

1 EL Öl
½ rote Paprika, feine Streifen
250 g Lauch, feine Streifen
200 g Champignons, dünne Scheiben
80 g Mungsprossen
2 TL gerösteter Sesam

Nudeln

160 g Asianudeln (Reis- oder Weizennudeln)

Zubereitung:

1. Öl in einem Wok erhitzen, Tofu kurz unter Rühren anbraten. Knoblauch untermischen, weiterrühren und kurz braten.
2. Mit Sherry, Gemüsebrühe und Sojasoße aufgießen und mit Ingwer, Chili und Sesamöl würzen. Tofu in der Soße 5 min köcheln.
3. Speisestärke mit 2 EL kaltem Wasser glatt rühren, unter die Soße mischen und köcheln, bis die Soße bindet. Den Tofu zur Seite stellen. Den Wok auswaschen und abtrocknen.
4. Nudeln in reichlich Salzwasser bissfest kochen.
5. In der Garzeit der Nudeln das Gemüse zubereiten. Öl im Wok erhitzen. Paprika darin 1 min lang unter Rühren braten. Lauch dazugeben, für 2 min unter Rühren braten. Pilze dazugeben und weitere 2 min lang unter Rühren braten. Die Sprossen dazugeben, für 1 min mitbraten und ständig weiterrühren.
6. Den Tofu samt Soße untermischen, alles einen Moment lang erhitzen, mit Salz und Chili abschmecken.
7. Die gut abgetropften Nudeln portionsweise anrichten. Den Tofu, das Gemüse und die Soße darauf verteilen, mit Sesam bestreuen.

Soße ohne Alkohol Wenn Kinder mitessen, schmeckt die Soße mit weißem Traubensaft auch sehr gut.

Mungsprossen sind keine Sojasprossen Die knackigen Sprossen aus den kleinen, grünen Mungbohnen werden fälschlicherweise oft als Sojasprossen bezeichnet. Mungbohnen sind aber eine eigene Bohnensorte und lassen sich auch zu Hause leicht zu Sprossen keimen.

Fenchelpasta mit Mandel-Miso-Sahne

Die milde Soße in diesem Rezept hat einen sanften, runden Geschmack, der durch das feine Anisaroma hauchdünner Fenchelscheiben ergänzt wird. Ich liebe diese zarte Kombination, die leicht, knackig und zudem schnell zubereitet ist.

Zutaten für 2 Portionen:

Soße

2 kleine Fenchelknollen
1 EL Olivenöl
1 kleine Zwiebel, fein gehackt
250 ml Gemüsebrühe
100 ml Sojasahne
50 g Mandelmus
3 TL braunes Miso (Mugi-Miso)
2 TL Zitronensaft
Schale von ½ Biozitrone, abgerieben
Muskat
Pfeffer

Pasta

160 g Penne
Salz
50 g Rucola, mundgerechte Stücke

Zubereitung:

1. Fenchel in 3 mm feine Streifen schneiden (mit der Brotschneidemaschine oder Mandoline funktioniert das gut).
2. Olivenöl in einer beschichteten Pfanne erhitzen. Zwiebeln darin zuerst glasig dünsten, dann goldgelb braten. Den Fenchel untermischen, leicht salzen und pfeffern und unter Rühren 3 min lang braten.
3. Mit Gemüsebrühe aufgießen und zugedeckt für ca. 5 min dünsten. Der Fenchel sollte noch einen leichten Biss haben.
4. Sojasahne, Mandelmus, Miso, Zitronensaft und Zitronenschale mit dem Mixstab glatt pürieren und mit dem Fenchel vermischen. Alles kurz köcheln lassen. Wenn die Soße zu dickflüssig wird, noch etwas Gemüsebrühe zugießen. Die Soße hat die richtige Konsistenz, wenn sie langsam und sämig über einen Löffelrücken fließt.
5. Die Fenchelsoße mit Zitronensaft und Pfeffer abschmecken.
6. Nudeln in reichlich Salzwasser bissfest kochen, abgießen, abtropfen lassen.
7. In einer großen, vorgewärmten Schüssel Nudeln, Fenchelsoße und Rucola vermischen.

Spaghetti mit Röstgemüse-Sugo

Meine Testesser wollten dieses Rezept sofort haben! Dieser Sugo lebt von der Würzkraft der Sojasoße in Verbindung mit Tomatenmark und Weißwein. Er verdankt seine Deftigkeit dem gut gerösteten Wurzelgemüse, dessen Aroma sich durch das Schmoren im Ofen intensiviert. Der Sugo soll, wie eine richtig gute Bratensoße, etwas dickflüssiger sein, also langsam und sämig über einen Löffelrücken rinnen.

Zutaten für 2 Portionen:

Sugo

1 große Zwiebel, fein gehackt
200 g Karotten, kleine Würfel (3 × 3 mm)
100 g Sellerie, kleine Würfel (3 × 3 mm)
4 EL Öl
2 EL Sojasoße
2 EL Tomatenmark
400 ml Gemüsebrühe
250 ml Weißwein
½ TL Thymian
2 Lorbeerblätter
Pfeffer

Nudeln

200 g Spaghetti
4 EL Petersilie, fein gehackt

Zubereitung:

1. Den Backofen auf 220 °C Umluft (240 °C Ober-/Unterhitze) vorheizen. In einer großen, flachen Form (am besten aus Emaille) Zwiebeln, Karotten, Sellerie und Öl vermischen. Das Gemüse sollte den Boden der Form nur ca. 2 cm hoch bedecken.
2. Das Gemüse im Ofen ca. 30 min lang braten, bis es stellenweise knusprig braun ist. Sojasoße und Tomatenmark unterrühren, alles für 5 min im Ofen braten.
3. Gemüsebrühe, Weißwein, Thymian, Lorbeer und Pfeffer gut mit dem Gemüse vermischen. Alles für weitere 15–20 min schmoren.
4. Das appetitlich geröstete Gemüse sollte von sämiger Soße umgeben sein – wie wir das von den guten Bratensoßen unserer Omas kennen. Bei Bedarf noch etwas Wein oder Gemüsebrühe untermischen.
5. Die Spaghetti in reichlich Salzwasser bissfest kochen, abgießen, abtropfen lassen, portionsweise mit dem Sugo anrichten und mit Petersilie bestreuen.

Sugo auf Vorrat

Der Röstgemüse-Sugo ist ideal für die schlaue Vorratshaltung. Er schmort im Backofen seiner Vollendung entgegen, lässt sich problemlos in größeren Mengen zubereiten, kochend heiß in sterilisierte Gläser füllen und abgekühlt aufbewahren oder einfrieren.

Reisnudeln mit Chilitempeh und Blumenkohl

Von der asiatischen Küche lernen: Tempeh und Blumenkohl werden getrennt zubereitet. So kann jede Zutat maximale Röstaromen entwickeln und perfekt auf den jeweiligen Garpunkt gebraten werden. Die Zubereitung der Soße dauert nicht länger als das Kochen der Nudeln.

Zutaten für 2–3 Portionen:

Blumenkohl

3 EL Öl
400 g Blumenkohl, sehr kleine Röschen
¼ TL Koriander, zerstoßen
¼ TL Fenchelsamen, zerstoßen
¼ TL Kreuzkümmel, zerstoßen
¼ TL Kurkuma, gemahlen

Tempeh

150 g Tempeh
2 EL Öl
4 Knoblauchzehen, fein gehackt
1 TL frischer Ingwer, fein gehackt
2 EL Sojasoße
Chili
2 Schalotten, fein gehackt

Soße

200 ml passierte Tomaten
125 ml Gemüsebrühe
1 EL Sojasoße
1 TL Zitronensaft
½ TL brauner Zucker
1 TL frischer Ingwer, fein gehackt
Muskat
Chili

Außerdem

150 g Reisnudeln
4 EL Petersilie, fein gehackt

Zubereitung:

1. Blumenkohl: Öl in einer großen (beschichteten) Pfanne erhitzen. Blumenkohl dazugeben, salzen, bei milder Hitze braten, bis sich die Röschen stellenweise goldbraun verfärben (ca. 20 min).
2. Koriander, Fenchel, Kreuzkümmel und Kurkuma untermischen. Damit sich die Gewürze gut verteilen, 3 EL Wasser unterrühren. Den Blumenkohl zugedeckt kurz dünsten, dann nochmals unter Rühren braten, bis die gesamte Flüssigkeit verdampft und der Blumenkohl goldbraun ist. Im Ofen bei 40 °C warmhalten.
3. Den Tempeh zunächst grob zerbröseln, dann hacken. Öl in einer beschichteten Pfanne erhitzen. Den Tempeh, Knoblauch und Ingwer darin unter Rühren braten, leicht salzen.
4. Sojasoße und eine Prise Chili untermischen. Den Tempeh unter Rühren knusprig braten. Schalotten untermischen und ebenfalls kurz braten. Den Tempeh im Ofen bei 50 °C warmhalten.
5. Nudeln nach Packungsanleitung kochen, abgießen, abtropfen lassen, zurück in den Topf geben.
6. Soße: In der Garzeit der Nudeln alle Zutaten für die Soße in einem kleinen Topf kurz köcheln.
7. Die Nudeln zuerst mit der Soße, dann mit Tempeh und Blumenkohl vermischen, portionsweise mit Petersilie anrichten.

Das Essen wartet schon im Kühlschrank Dieses Nudelgericht lässt sich gut vorbereiten. Blumenkohl, Tempeh und Soße werden fertig zubereitet und kalt gestellt, zur Essenszeit kurz aufgewärmt und mit frisch gekochten Nudeln vermischt – fertig!

Lieblingslasagne

Zutaten für 4–6 Portionen:

Soße

800 g passierte Tomaten
2 EL Olivenöl
½ TL Thymian
½ TL Oregano
½ TL Basilikum
¼ TL Salz
Pfeffer

Sojahack

80 g Sojagranulat
4 EL Olivenöl
Muskat
Pfeffer
4 EL Sojasoße
3 EL Tomatenmark
1 große Zwiebel, fein gehackt
4 Knoblauchzehen, fein gehackt

Béchamelsoße

50 ml Öl
50 g Weizenmehl
600 ml Sojadrink, ungesüßt
Schale von ½ Biozitrone, abgerieben
3 Pimentkörner, zerstoßen
Muskat
2 EL braunes Miso (Mugi-Miso)

Außerdem

200 g Lasagneblätter

Zubereitung:

1. Soße: Alle Zutaten in einem Topf vermischen, aufkochen und für ca. 15 min etwas einköcheln.
2. Für das Sojahack das Sojagranulat in reichlich kaltem Wasser 15 min lang einweichen, abgießen, abtropfen lassen und leicht ausdrücken.
3. In einer Pfanne 2 EL Olivenöl erhitzen. Das Granulat darin unter Rühren braten, mit Muskat und Pfeffer würzen. Sojasoße und Tomatenmark glatt rühren, unter das Sojagranulat mischen und alles unter Rühren braten, bis die Flüssigkeit verdampft ist. Das Sojahack aus der Pfanne nehmen und diese auswaschen und abtrocknen.
4. In der Pfanne 2 EL Olivenöl erhitzen, Zwiebeln und Knoblauch darin bei milder Hitze zuerst glasig dünsten, dann unter Rühren goldbraun braten. Das Sojahack untermischen, alles kurz erhitzen.
5. Béchamelsoße: Öl in einem (beschichteten) Topf erhitzen. Mehl darin bei milder Hitze anrösten, es soll sich hellbeige verfärben und angenehm duften.
6. Sojadrink mit dem Schneebesen einrühren. Die Soße glatt rühren, mit Zitronenschale, Muskat und Piment würzen. Die Soße für ca. 10 min köcheln, ab und zu umrühren.
7. Miso mit dem Mixstab untermischen und die Béchamelsoße eventuell mit Salz abschmecken.
8. Auf dem Boden einer ofenfesten Form (20 × 30 cm) etwas Tomatensoße verstreichen. Darauf eine Schicht Lasagneblätter legen. Etwas Sojahack darauf verteilen, mit Tomatensoße und etwas Béchamelsoße bestreichen und mit Lasagneblättern belegen. In dieser Reihenfolge fortfahren. Auf der obersten Schicht Lasagneblätter reichlich Béchamelsoße und ein paar Löffel Tomatensoße verstreichen.
9. Die Lasagne im vorgeheizten Ofen bei 180 °C Umluft (200 °C Ober-/Unterhitze) ca. 30 min lang backen.

Tiroler Schlipfkrapfen

Nur Roggen- und Weizenmehl, Öl, Wasser und Salz kommen in den Teig für die beliebten Osttiroler Schlipfkrapfen, die manche aus dem Urlaub kennen. Traditionell haben die Schlipfkrapfen eine Füllung aus Kartoffeln und Quark. In der veganen Variante bringt die Kombination Kartoffeln, Räuchertofu, Kräuter und Zitronenschale einen runden Geschmack.

Zutaten für 4–6 Portionen:

Teig

150 g feines Roggenmehl
150 g Weizenmehl
1 TL Salz
2 EL Öl
125–150 ml Wasser

Füllung

400 g mehlige Kartoffeln
150 g Räuchertofu
2 TL Sojasoße
Muskat
¼ TL Koriander, gemahlen
Schale von ½ Biozitrone
1 TL Zitronensaft
½ Zwiebel, fein gehackt
2 Knoblauchzehen, fein gehackt
½ Bund Petersilie, fein gehackt
Salz, Pfeffer

Topping

6 EL Olivenöl
4 Knoblauchzehen, fein gehackt
2 EL Haselnüsse, gehackt
1 EL Zitronensaft
Schale von ½ Biozitrone, feine Streifen
Salz
4 EL Petersilie, fein gehackt
2 Frühlingszwiebeln, feine Ringe

Zubereitung:

1. Roggen-, Weizenmehl und Salz in einer Schüssel vermischen. Öl und 125 ml Wasser unterrühren, alles zu einem festen, geschmeidigen Teig verkneten. Bei Bedarf wenig Wasser unterarbeiten. Den Nudelteig in Klarsichtfolie wickeln und ca. 30 min ruhen lassen.
2. Für die Füllung: Kartoffeln mit Schale weich dämpfen, schälen und durch die Kartoffelpresse drücken.
3. Tofu mit der Gabel fein zerdrücken, mit Sojasoße, Muskat, Koriander, Zitronenschale und Zitronensaft gut vermischen.
4. Den Gewürztofu, Kartoffeln, Zwiebeln, Knoblauch und Petersilie gut verrühren. Die Füllung mit Salz und Pfeffer abschmecken.
5. Den Teig ca. 2 mm dünn ausrollen. Mit einer kleinen Schüssel (10 cm Durchmesser) Kreise ausstechen. Auf jeden Teigkreis etwas von der Füllung geben. Zum Halbkreis zusammenklappen, die Ränder leicht andrücken und Stück für Stück kleine Laschen einfalten.
6. Die Schlipfkrapfen in Salzwasser ca. 3 min köcheln lassen, mit einem Schaumlöffel aus dem Topf heben.
7. Topping: Olivenöl erhitzen, Knoblauch und Nüsse darin kurz anbraten, Zitronensaft und Zitronenschale unterrühren, mit Salz abschmecken.
8. Die Schlipfkrapfen portionsweise anrichten, mit der Ölmischung beträufeln, mit Petersilie, Frühlingszwiebeln und Nüssen bestreuen.

Eiskalte Vorratshaltung Es empfiehlt sich, gleich eine größere Menge Schlipfkrapfen vorzubreiten. Damit die Schlipfkrapfen nicht zusammenkleben, zuerst ungekocht nebeneinander auf ein Tablett legen und gefrieren lassen. Dann die Schlipfkapfen in gefriergeeignete Behälter packen.

SÜSSES

Porridge mit Birnen und Zwetschgen

Dieses Porridge wird wie traditionell üblich, mit geschrotetem Hafer zubereitet. Der muss etwas länger köcheln, belohnt dafür aber mit besonders kräftigem Geschmack. Wer keine Getreidemühle zu Hause hat, kann die Haferkörner auch im Naturkostgeschäft schroten (lassen).

Zutaten für 2 Portionen:

50 g Hafer, geschrotet
300 ml Wasser
3 getrocknete Zwetschgen, kleine Stücke
½ TL Zimt, gemahlen
Muskat
250 ml Sojadrink, ungesüßt
2 saftige, säuerliche Birnen, kleine Stücke oder grob geraspelt
2 EL getrocknete Cranberries
200 g Zwetschgen, kleine Spalten
1 EL Walnüsse, gehackt

Zubereitung:

1. Hafer in einem Topf kurz unter Rühren (ohne Fett) anrösten, mit Wasser aufgießen. Getrocknete Zwetschgen, Zimt und eine Prise Muskat dazugeben, das Porridge für ca. 15 min köcheln, dabei ab und zu umrühren.
2. Sojadrink untermischen. Das Porridge ca. 10 min köcheln lassen. Der Hafer sollte weich sein, aber noch einen angenehmen Biss haben.
3. Birnen und Cranberries untermischen, nur einen Moment köcheln. Bei Bedarf etwas Sojadrink unterrühren. Das Porridge sollte leicht suppig sein.
4. Das Porridge portionsweise anrichten, mit frischen Zwetschgen und Walnüssen bestreuen.

Overnight Oats mit Apfel und Beeren

Zutaten für 2 Portionen:

60 g Getreideflocken (Hafer, Dinkel, Gerste, Reis)
200 ml Sojadrink, ungesüßt
4 getrocknete Softaprikosen, kleine Stücke
250 g Sojajoghurt, ungesüßt
1 Apfel, grob geraspelt
100 g Brombeeren (auch tiefgekühlt)
100 g Himbeeren (auch tiefgekühlt)
1 EL geröstete Haselnüsse, gehackt

Zubereitung:

1. Am Vorabend: Getreideflocken, Sojadrink, Softaprikosen und Zimt vermischen, zugedeckt über Nacht kalt stellen und quellen lassen.
2. Morgens: Das eingeweichte Getreide, Sojajoghurt und Äpfel vermischen. Die Oats portionsweise anrichten, mit Beeren und Nüssen bestreuen.

Frühstückssmoothie mit Erdbeeren

Nicht nur Kinder haben manchmal keinen rechten Appetit, besonders nicht in aller Frühe. Dann kommt dieser nahrhafte Drink besser an als ein Brötchen. Mixe den Smoothie gern auch mit Zuckermelone, Aprikosen und Himbeeren. Wenn heimische Erdbeeren keine Saison haben, empfiehlt es sich, den Drink mit tiefgekühlten Beeren zuzubereiten. Sie wurden kurz nach der Ernte eingefroren und enthalten noch die meisten Vitamine. Im Winter, wenn der Schnupfen droht, lässt sich auch 1 EL Sanddornsaft (reich an Vitamin C) in den Drink mixen.

Zutaten für 2 Portionen:

2 EL feine Haferflocken
200 g Sojajoghurt, ungesüßt
Saft von 2 Orangen, ausgepresst
250 g Erdbeeren, Stücke
2 TL Honig, Ahornsirup oder brauner Zucker

Zubereitung:

1. Haferflocken mit 5 EL Wasser vermischen und 15 min lang aufquellen lassen.
2. Mit dem Mixstab oder im Mixglas die eingeweichten Haferflocken, Sojajoghurt, Orangensaft, Erdbeeren, und Honig fein pürieren.

Pfirsichlassie

Das haben wir aus der indischen Küche gelernt: Lassies, gemixt aus Früchten und Joghurt, sind Speisenbegleiter und sollten deshalb ziemlich dünnflüssig sein. Nach diesem Grundrezept lässt sich das erfrischende Getränk auch mit reifen Aprikosen oder Zuckermelonen zubereiten.

Zutaten für 2 Portionen:

Saft von 2 Orangen, ausgepresst
250 g reife Pfirsiche, Stücke
250 g Sojajoghurt, ungesüßt
2 TL Zitronensaft
2 TL Honig, Ahornsirup oder brauner Zucker
100 ml eiskaltes Wasser

Zubereitung:

Orangensaft, Pfirsiche, Sojajoghurt, Zitronensaft, Honig und Wasser im Mixer oder mit dem Mixstab fein pürieren.

Haselnuss-Miso-Bananen-Eis

Süßspeisen gewinnen durch eine Prise Salz, das ist bekannt. In diese Eiscreme bringt helles Miso nicht nur die gefragte salzige Note, sondern auch einen komplexen Geschmackskick. Das Eis ist im Mixerumdrehen zubereitet. Die Basis bilden gefrorene Bananenscheiben und Haselnussmus. Sehr erfreulich: Dieses Eis wird ohne Zucker zubereitet! Zu verdanken ist dies der natürlichen Süße reifer Bananen (gern auch solche, die schon braune Stellen auf der Schale haben).

Zutaten für 2–3 Portionen:

2 reife Bananen, dünne Scheiben
2 EL helles Miso (Shiro-Miso)
2 EL Haselnussmus
50 ml Orangensaft
1 TL Zitronensaft

Zubereitung:

1. Bananen in einer Dose einfrieren.
2. Erst unmittelbar vor dem Essen die gefrorenen Bananen (eventuell einige Minuten antauen lassen), Miso, Haselnussmus, Orangen- und Zitronensaft in einem starken Standmixer oder im Multizerkleinerer zu cremigem Eis verarbeiten. Das geht blitzschnell.
3. Das Haselnuss-Miso-Bananen-Eis z. B. mit marinierten Ingwerkirschen anrichten.

Marinierte Ingwerkirschen

Zutaten für 2 Portionen:

350 g süße Kirschen, entsteint
Saft von 1 Orange, ausgepresst
1 TL brauner Zucker
¼ TL Zimt, gemahlen
¼ TL frischer Ingwer, fein gehackt

Zubereitung:

Alle Zutaten vermischen, kalt stellen und für 1 Stunde marinieren lassen.

Schmeckt auch als Kompott

Wenn im Sommer die Kirschen massenhaft reif sind und verarbeitet werden müssen, dann gleich mehr Ingwerkirschen marinieren und 5 min lang zu einem Kompott köcheln. Das hält sich einige Tage im Kühlschrank und schmeckt besonders gut zu Crêpes mit Vanillecreme (S. 251).

Aprikosencreme

Es muss nicht immer die frische Frucht sein – mit aromatischen Trockenfrüchten lassen sich das ganze Jahr über attraktive Desserts zubereiten. Für dieses Lieblingsrezept werden Softaprikosen verwendet, die eine schöne orange Farbe und ein volles Aroma haben.

Zutaten für 4 Portionen:

150 g getrocknete Softaprikosen, kleine Stücke
100 ml Wasser
100 ml Orangensaft
1 EL Zitronensaft
½ TL frischer Ingwer, fein gehackt
Schale von ½ Biozitrone, abgerieben
150 g Seidentofu

Außerdem

1 Bioorange, dünne Scheiben
¼ Granatapfel, Kerne ausgelöst

Zubereitung:

1. Aprikosen mit 100 ml heißem Wasser übergießen, 30 min lang quellen lassen.
2. Die Aprikosen samt Einweichflüssigkeit, Orangen- und Zitronensaft, Ingwer und Zitronenschale zum Kochen bringen, zugedeckt für ca. 5 min köcheln.
3. Die Aprikosen mit der Garflüssigkeit mit einem Mixstab fein pürieren und abkühlen lassen.
4. Seidentofu hinzufügen und alles mit einem Handrührgerät zu einer glatten Creme vermischen, mit Zitronensaft abschmecken und portionsweise mit Orangenscheiben und Granatapfelkernen anrichten.

Maronen-Mandarinen-Creme

Zutaten für 2 Portionen:

100 g gegarte Maronen, Stücke
100 g Sojajoghurt, ungesüßt
100 ml Mandarinensaft
½ TL Zimt, gemahlen
3 Kardamomkapseln, Samen zerstoßen
Schale von ½ Biozitrone, abgerieben
2 TL brauner Zucker
250 g Trauben, halbiert

Zubereitung:

1. Im Multizerkleinerer oder mit einem starken Mixstab aus Maronen, Sojajoghurt, Mandarinensaft, Zimt, Kardamom, Zitronenschale und Zucker eine glatte Creme mixen und portionsweise mit Trauben anrichten.

Nuss-Vanille-Creme mit Erdbeeren

Blitzschnell zubereitet ist diese Creme mit dem feinen nussigen Aroma. Meinen Gästen schmeckt sie besonders gut in Kombination mit sommersüßen Erdbeeren.

Zutaten für 4 Portionen:

Creme

300 g Sojajoghurt, ungesüßt
2 EL Haselnussmus
100 g Sojasahne
3 Päckchen Vanillezucker
1 EL Puderzucker

Außerdem

600 g Erdbeeren, kleine Stücke
1 EL brauner Zucker
Minzeblättchen

Zubereitung:

1. Mit dem Stabmixer 100 g Sojajoghurt und Haselnussmus glatt pürieren. Den restlichen Sojajoghurt mit dem Handrührgerät untermischen.
2. Sojasahne, Vanillezucker und Puderzucker separat mit dem Handrührgerät auf höchster Stufe ca. 5 min lang rühren.
3. Die Soja-Vanille-Sahne unter die Nusscreme mischen.
4. 400 g Erdbeeren in schöne Stücke schneiden. Mit dem Mixstab aus den restlichen Erdbeeren und 1 EL Zucker eine Soße mixen.
5. Kurz vor dem Essen abwechselnd Erdbeeren, Nusscreme und Erdbeersoße portionsweise in Gläser geben. Dabei die Erdbeerstücke möglichst dicht ins Glas schichten und sanft andrücken, damit die Creme nicht zu sehr in die Erdbeeren läuft. Mit Minzeblättchen garnieren.

Fluffig durch Rühren Die Sojasahne lässt sich zwar nicht steif schlagen, aber durch starkes, längeres Rühren mit dem Handrührgerät gewinnt sie etwas Volumen und wird schön fluffig.

Schoko-Bananen-Mousse

Die einfachste Schokomousse der Welt! Zubereitet mit nur 4 Zutaten.

Zutaten für 4 Portionen:

60 g dunkle Schokolade (85 %), Stücke
2 reife Bananen, Scheiben
100 ml Sojasahne
¼ TL Zimt, gemahlen

Garnitur

4 Aprikosen, kleine Spalten
Minzeblättchen

Zubereitung:

1. Schokolade in eine kleine Metallschüssel geben, im heißen Wasserbad unter Rühren schmelzen.
2. Bananen, geschmolzene Schokolade und Zimt mit dem Mixstab zu einer glatten Masse pürieren. Sojasahne untermixen.
3. Zum Festwerden die Schoko-Bananen-Mousse mindestens für 2 Stunden kalt stellen.
4. Mit Esslöffeln aus der Mousse schöne Klößchen abstechen, mit der Himbeersoße anrichten und mit Aprikosen und Minze garnieren.

Himbeersoße

Ein kleiner Trick verhilft der Beerensoße zur cremigen Konsistenz. Zuerst das Fruchtpüree mit Agar-Agar, dem pflanzlichen Geliermittel, aufkochen, dann kalt stellen und fest werden lassen. Danach das Gelée luftig aufmixen.

Zutaten für 4 Portionen:

300 g Himbeeren (auch tiefgekühlt)
200 ml Orangensaft
2 TL Zucker
1 TL (gestrichen) Agar-Agar

Zubereitung:

1. Himbeeren, Orangensaft und Zucker mit dem Mixstab fein pürieren, durch ein Sieb streichen und in einen kleinen Topf geben.
2. Agar-Agar mit 3 EL kaltem Wasser glatt rühren, mit dem Schneebesen unter das Fruchtpüree mischen.
3. Alles unter Rühren zum Kochen bringen und 1 min lang leicht kochen.
4. Das Fruchtpüree in eine flache Form gießen, zum Festwerden für ca. 2 Stunden kalt stellen.
5. Das Fruchtgelée in einen Mixbecher geben und mit dem Mixstab kurz zu Soße pürieren.

Bratäpfel mit Miso-Apfel-Sahne

Bratäpfel sind Seelenfutter. Ich esse dazu gerne eine süße Soße. Die schaumige Miso-Apfel-Sahne bringt mit feiner würzig-salziger Note ein kleines geschmackliches Überraschungsmoment in das lang vertraute Dessert.

Zutaten für 4 Portionen:

Bratäpfel

4 große, saftige Äpfel
2 EL Mandeln, gehackt
2 EL Rosinen, gehackt
¼ TL Zimt
2 TL Butter oder Margarine

Soße

100 ml Sojasahne
50 ml naturtrüber Apfelsaft
2 TL brauner Zucker
1 TL helles Miso (Shiro-Miso)
1 TL Zitronensaft
Schale von ¼ Biozitrone, abgerieben
Zimt

Zubereitung:

1. Backofen auf 200 °C Ober-/Unterhitze (Umluft: 180 °C) vorheizen. Kerngehäuse der Äpfel ausstechen.
2. Mandeln, Rosinen und Zimt vermischen. Äpfel damit füllen.
3. Die Äpfel nebeneinander in eine ofenfeste Form setzen, obenauf ein Butterflöckchen geben und im vorgeheizten Ofen 20 min lang braten.
4. Alle Zutaten für die Soße in einen Mixbecher geben und kräftig mixen. Die Soße wird zuerst glatt und cremig, dann wunderbar schaumig.
5. Die Bratäpfel portionsweise anrichten, mit der Apfel-Miso-Sahne umgießen.

Nicht erschrecken Wenn alle Zutaten für die Soße im Mixbecher aufeinandertreffen, sieht es einen Moment so aus, als würde die Soße gerinnen. Dem ist aber nicht so, ganz im Gegenteil: Durch das Mixen entsteht zuerst eine völlig glatte, dann eine schaumige Soße, die sich gut vorbereiten lässt und sich im Kühlschrank zwei Tage lang hält.

Milchreis mit Zimt, Kardamom und Ingwer

Rundkorn-Naturreis macht dieses süße Hauptgericht kernig-nussig. Plötzlich schmeckt der Milchreis auch Menschen, die bis jetzt nicht so begeistert davon waren – zum Beispiel mir. Ich esse den Milchreis gern als süßes Hauptgericht mit Zwetschgenmus oder Ingwer-Kirschen (S. 239).

Zutaten für 4 Portionen:

200 g Rundkorn-Naturreis
400 ml Wasser
1 EL brauner Zucker
400 ml Sojadrink, ungesüßt
2 Zimtstangen
3 Kardamomkapseln, Samen zerstoßen
1 TL frischer Ingwer, fein gehackt
2 Päckchen Vanillezucker
1 Stück Biozitronenschale

Zubereitung:

1. Reis mit Wasser und Zucker zum Kochen bringen, zugedeckt 20 min lang köcheln.
2. Sojadrink, Zimtstangen, Kardamom, Ingwer, Vanillezucker und Zitronenschale dazugeben. Den Reis in ca. 25 min körnig-weich köcheln.
3. Wenn notwendig, noch etwas Sojadrink dazugießen, denn der Milchreis sollte nicht zu trocken werden und ist perfekt, wenn die einzelnen Körner von etwas aromatischer Soße umgeben sind.

Reis für Prinzen und Prinzessinnen

Süße Resteverwertung: Übrig gebliebener Milchreis wird mit Vanillecreme vermischt, mit Beeren, Früchten und Beerensoße ins Glas geschichtet. Ein Grundrezept, das sich im Einklang mit der Jahreszeit variieren lässt, z. B. im Winter mit Mandarinenstückchen und einer Soße aus tiefgekühlten Erdbeeren.

Zutaten für 4 Portionen:

150 g Sojajoghurt, ungesüßt
70 g Sojasahne
3 Päckchen Vanillezucker
4 TL Puderzucker
½ Rezept Milchreis, abgekühlt
300 g Himbeeren
1 Pfirsich, kleine Stücke

Zubereitung:

1. Sojajoghurt glatt rühren. Mit dem Handrührgerät die Sojasahne mit Vanillezucker und Puderzucker auf höchster Stufe 5 min lang schaumig schlagen. Sojajoghurt unterrühren.
2. Den Milchreis mit der Sojajoghurtcreme vermischen.
3. Mit dem Mixstab 200 g der Himbeeren zu einer Soße pürieren, eventuell durch ein Sieb streichen.
4. Die Milchreis-Cremespeise, Himbeeren, Pfirsiche und Himbeersoße schichtweise in hohe Gläser füllen.

Crêpes – der zarte Klassiker

Für 4–6 Portionen:

450 ml Sojadrink, ungesüßt
200 g Weizenmehl
4 Eier (vegane Variante siehe unten)
¼ TL Salz
Öl zum Braten

Zubereitung:

1. Den Backofen auf 50 °C vorheizen. Mit dem Handrührgerät aus Sojadrink, Mehl, Eiern und Salz einen glatten Teig rühren.
2. Eine beschichtete oder gusseiserne Pfanne dünn mit Öl ausstreichen. Damit die Crêpes schön dünn werden, nur eine kleine Portion Teig in die Pfanne gießen. Die Pfanne schwenken, damit sich der Teig gleichmäßig verteilt und die Crêpes auf beiden Seiten knusprig braun braten. Wenn der Teig zu dickflüssig ist, noch etwas Sojadrink untermischen.
3. Die Crêpes zugedeckt im Ofen warm halten, bis der gesamte Teig verbraucht ist.
4. Die Crêpes portionsweise mit gebratenen Nektarinen und Vanillecreme anrichten.

Vegane Variante Die Eier und die oben genannte Menge des Sojadrinks wie folgt ersetzen: 300 ml Sojadrink und 200 ml Mineralwasser mit Kohlensäure – das macht die veganen Crêpes schön luftig.

Gebratene Nektarinen mit Vanillecreme

Zutaten für 4 Portionen:

Vanillecreme

200 g Seidentofu
2 EL Sojasahne
2 Päckchen Vanillezucker

Nektarinen

2 TL Butter oder Margarine
500 g Nektarinen, kleine Spalten
¼ TL Zimt
2 TL Zitronensaft

Zubereitung:

1. Alle Zutaten mit dem Handrührgerät ca. 5 min lang zu einer glatten Creme rühren.
2. Nektarinen: Butter in einer beschichteten Pfanne erhitzen. Die Nektarinen darin kurz anbraten, mit Zimt würzen und mit Zitronensaft beträufeln.
3. Die Crêpes mit Nektarinen und Vanillecreme anrichten.

Polsterzipf – süße Täschchen

Die vegane Variante des beliebten Quarkblätterteigs ist perfekt geeignet für knuspriges Kleingebäck. Da die Konsistenz des Tofuquarks durch seine individuelle Herstellung variieren kann, erfordert der vegane Teig etwas Fingerspitzengefühl. Aber es lohnt sich: Meine Gäste sind immer sehr angetan von diesen knusprigen Teilchen, die sich auch gut einfrieren und bei Bedarf gefroren in den heißen Ofen schieben lassen.

Zutaten für ca. 40 Stück:

Teig

130 g Tofu Natur, fein geraspelt
70 g Sojajoghurt, ungesüßt
Schale von ½ Biozitrone, abgerieben
Muskat
½ TL Salz
200–220 g Weizenmehl
200 g eiskalte Margarine oder Butter, Stücke

Füllung

250 g Marmelade (Johannisbeer, Kirschen, Brombeer, Pflaumen, Himbeer)

Außerdem

¼ TL Kurkuma, gemahlen

Zubereitung:

1. Tofu, Sojajoghurt, Zitronenschale, Muskat und Salz im Multizerkleinerer zu einer glatten Masse (mit der Konsistenz von Quark) mixen.
2. Mehl auf ein Brett schütten. Margarine daraufgeben, mit einem großen Messer in kleine Stücke hacken und dabei etwas mit dem Mehl vermischen – hier sollte rasch gearbeitet werden, damit die Margarine nicht zu warm und weich wird.
3. Sojaquark dazugeben, zuerst mit dem Messer untermischen, dann schnell einen geschmeidigen Teig kneten. Der Teig kann je nach Konsistenz des Quarks etwas weich sein, eventuell noch etwas Mehl einarbeiten. Bitte beachten: Der Teig wird durch das Kühlen fester. Aus dem Teig eine Kugel formen, in Folie wickeln und für 1 Stunde kalt stellen.
4. Den Backofen auf 200 °C Ober-/Unterhitze (Umluft: 180 °C) vorheizen. Ein Backblech mit Backpapier belegen.
5. Auf einer bemehlten Fläche ein Viertel des Teigs dünn ausrollen, den Rest gekühlt halten. Wenn der Teig zu weich ist, beim Ausrollen mit wenig Mehl bestäuben.
6. So werden die Täschchen besonders knusprig: den ausgerollten Teig dünn mit Mehl bestäuben, zusammenfalten und wieder dünn ausrollen.
7. Teigquadrate (8 × 8 cm) ausschneiden. Jeweils 1 TL Marmelade in die Mitte geben, diagonal zu Dreiecken zusammenfalten, die Ränder leicht andrücken und auf das Backblech setzen.
8. Kurkuma mit 3 EL kaltem Wasser verrühren und die Teigtäschchen damit dünn bestreichen, so werden sie schön goldbraun. Die Täschchen im vorgeheizten Ofen ca. 20 min lang knusprig backen und auf einem Kuchengitter auskühlen lassen.
9. Den restlichen Teig ebenso verarbeiten.

Himmlischer Heidelbeerkuchen

Zutaten für 1 Kuchen
(Springform mit 26 cm Durchmesser):

- **½** flaumiger Hefeteig (siehe Rezept unten)
- **150 g** fester Tofu Natur, fein geraspelt
- **150 g** Sojajoghurt, ungesüßt
- **100 g** Sojasahne
- **1 EL** Speisestärke
- **½ TL** Zimt
- **2 Eier** (vegane Variante siehe rechts)
- **30 g** Puderzucker
- **3 Päckchen** Vanillezucker
- **Schale** von 1 Biozitrone, abgerieben
- Salz
- **400 g** Heidelbeeren

Außerdem

- **1 TL** Butter für das Backblech

Zubereitung:

1. Den Backofen auf 200°C Ober-/Unterhitze (180 °C Umluft) vorheizen. Eine Form mit Butter ausstreichen und den weichen Teig darin verteilen.
2. Guss: Tofu, Sojajoghurt, Sojasahne, Speisestärke und Zimt im Multizerkleinerer zu einer glatten Creme mixen.
3. Eier trennen. Mit dem Handrührgerät Eigelb, Puderzucker, Vanillezucker und Zitronenschale ca. 5 min lang schaumig rühren. Die Tofucreme unterrühren.
4. Eiweiß mit einer Prise Salz zu festem Schnee schlagen und unter die Tofucreme heben.
5. Den Guss auf dem Kuchenboden verteilen, mit Heidelbeeren bestreuen und im vorgeheizten Ofen 30–40 min backen. Auf einem Kuchengitter abkühlen lassen.

Vegane Variante Die Eier durch 4 EL Aquafaba (Kichererbsenwasser) ersetzen. Außerdem im Schritt 2 etwas mehr Speisestärke verwenden und bei Schritt 3 Puderzucker, Vanillezucker und Zitronenschale mit der Tofucreme vermischen. Das Auqafaba wird wie Eiweiß in Schritt 4 aufgeschlagen und unter den Teig gehoben.

Flaumiger Hefeteig

Zutaten für 2 Kuchenböden
(26 cm Durchmesser):

- **400 g** Weizenmehl
- **90 g** weiche Butter oder Margarine, Stücke
- **180–200 ml** Sojadrink, ungesüßt, lauwarm
- **60 g** Zucker
- **2** Eier (vegane Variante siehe rechts)
- **1 Päckchen** Trockenhefe
- **½ TL** Salz

Zubereitung:

1. In einer Schüssel zuerst alle Zutaten mit dem Rührlöffel vermischen, dann zu einem geschmeidigen, weichen Teig kneten – entweder von Hand oder in der Küchenmaschine.
2. Zugedeckt 1 Stunde gehen lassen.

Vegane Variante Die Eier können weggelassen und durch etwas mehr Sojadrink ersetzt werden.

Sahnetorte mit Erdbeeren

Der fruchtige Tortenbelag wird dank Agar-Agar schnittfest. Gewonnen wird das pflanzliche Geliermittel aus mineralstoffreichen Meeresalgen. Um seine Gelierkraft zu entwickeln, muss Agar-Agar in kalter Flüssigkeit aufgelöst und kurz geköchelt werden.

Zutaten für 1 Torte
(26 cm Durchmesser:

Tortenboden

190 g Weizenmehl
210 g Sojadrink, ungesüßt
125 g Zucker
5 ½ EL Öl
8 g Backpulver (½ Päckchen)

Belag

500 g Erdbeeren, Stücke
125 g Sojasahne
4 Päckchen Naturvanillezucker
3 EL brauner Zucker
2 gestrichene TL Agar-Agar

Garnitur

Erdbeeren, Spalten
Minzeblättchen

Zubereitung:

1. Den Backofen auf 180 °C Ober-/Unterhitze (Umluft: 160 °C) vorheizen. Eine Form mit ½ EL Öl austreichen.
2. Tortenboden: Mit dem Handrührgerät Mehl, Sojadrink, Zucker, 5 EL Öl und Backpulver zu einem glatten Teig verarbeiten.
3. Den Teig in die vorbereitete Form gießen, im vorgeheizten Ofen auf der mittleren Schiene 20–30 min lang backen. Gegen Ende der Backzeit eine Stäbchenprobe machen. Den Tortenboden auf einem Kuchengitter abkühlen lassen und zurück in die Form geben.
4. Belag: Erdbeeren, Sojasahne, Vanillezucker und Zucker mit dem Mixstab fein pürieren. Agar-Agar mit 4 EL kaltem Wasser glatt rühren.
5. In einem kleinen Topf die Erdbeercreme und das aufgelöste Agar-Agar mit dem Schneebesen gut verrühren. Die Erdbeercreme unter Rühren zum Kochen bringen, 1 min lang köcheln.
6. Die Erdbeercreme in einer Schüssel im kalten Wasserbad etwas abkühlen lassen, dabei ab und zu umrühren.
7. Sobald die Creme zu gelieren beginnt, auf dem Tortenboden verstreichen.
8. Die Erdbeertorte zum Festwerden mindestens 3 Stunden lang kühlen. Erst kurz vor dem Servieren aus dem Kühlschrank nehmen und mit Erdbeeren und Minze garnieren.

Variante für Tortenboden mit klassischem Biskuit

Zutaten: 2 Eier, 60 g Zucker, 60 g Mehl, ½ TL Backpulver
Zubereitung: Eier schaumig rühren. Zucker dazugeben, alles zu festem Schaum rühren. Mehl und Backpulver durchsieben, mit dem Eischaum vermischen. Springform mit Backpapier auslegen. Teig einfüllen, glatt streichen. Tortenboden im vorgeheizten Ofen bei 180° C Ober-/Unterhitze (Umluft: 160 ° C) 25 min lang backen, auf einem Kuchengitter abkühlen lassen.

Schoko-Miso-Kuchen mit Haselnüssen

Miso und Schokolade sind eine starke Kombination, die meine Gäste und mich immer überzeugt. Der Kuchen schmeckt noch besser, wenn er etwas Zeit zum Durchziehen bekommt. Darum empfehle ich den Kuchen abgekühlt und gut verschlossen einen Tag lang stehen zu lassen, was zugegebenermaßen nicht leicht fällt, da der Kuchen so verlockend duftet.

Zutaten für 1 Kuchen (23 × 23 cm):

- **5** Eier (vegane Variante siehe unten)
- **250 g** Zucker
- **50 g** braunes Miso (Mugi-Miso)
- **5 EL** Sojadrink, ungesüßt
- **125 g** weiche Butter oder Margarine, kleine Stücke
- **125 g** dunkle Schokolade, fein geraspelt
- **Schale** von 1 Biozitrone, abgerieben
- **½ TL** Zimt, gemahlen
- **5** Kardamomkapseln, Samen zerstoßen
- **4 EL** geröstete Haselnüsse, fein gehackt
- **125 g** Weizenmehl
- **½ TL** Backpulver

Für die Form

- **1 EL** Butter oder Margarine

Zubereitung:

1. Den Backofen auf 180 °C Ober-/Unterhitze (Umluft: 160 °C) vorheizen. Eine Springform mit Butter ausstreichen.
2. Eier trennen. Mit dem Handrührgerät (oder dem Rührgerät der Küchenmaschine) Eigelb und Zucker zu festem, hellgelbem Schaum rühren.
3. Mit dem Mixstab Miso und Sojadrink zu einer glatten Creme mixen.
4. Den Eigelbschaum, die Misocreme, Butter, Schokolade, Zitronenschale, Zimt und Kardamom mit dem Handrührgerät gut vermischen und danach Haselnüsse unterrühren.
5. Mehl und Backpulver durchsieben und mit dem Schokoladenteig gut verrühren.
6. Das Eiweiß zu festem Schnee schlagen und unter den Teig heben.
7. Die Teigmasse in die vorbereitete Form geben, glatt streichen. Den Kuchen im vorgeheizten Ofen ca. 40 min lang backen, auf einem Kuchengitter abkühlen lassen.

Vegane Variante Eier ersetzen durch 10 EL Auquafaba (Kichererbsenwasser) und 3 EL geschrotete Leinsamen. Schritt 2 entfällt und im Schritt 4 Leinsamen mit 10 EL Wasser vermischen, etwas quellen lassen und untermischen. Das Auquafaba in Schritt 7 aufschlagen und unter den Teig heben.

Flammeriemuffins mit Kirschen

Zu diesen besonders flaumigen Muffins oder Mini-Gugelhupfs hat mich ein Familienrezept für Grießsoufflée inspiriert.

Zutaten für 12 Muffins:

200 g fester Tofu Natur, fein geraspelt
300 ml Sojadrink, ungesüßt
4 Päckchen Naturvanillezucker
2 EL Butter oder Margarine
½ TL Zimt, gemahlen
60 g Grieß
5 Kardamomkapseln, Samen zerstoßen
3 Eier (vegane Variante siehe unten)
40 g brauner Zucker
Schale von ½ Biozitrone, abgerieben
250 g süße Kirschen oder Sauerkirschen

Für die Förmchen

2 TL weiche Butter oder Margarine
2 EL Semmelbrösel

Zubereitung:

1. Den Backofen auf 180 °C Ober-/Unterhitze (Umluft: 160 °C) vorheizen. Muffin- oder Mini-Gugelhupfförmchen mit Butter ausstreichen und mit Semmelbröseln bestreuen.
2. Mit dem Mixstab oder dem Multizerkleinerer aus Tofu, 150 ml Sojadrink, Vanillezucker, Butter und Zimt eine glatte Creme pürieren.
3. Den restlichen Sojadrink zum Kochen bringen. Grieß und Kardamom einrühren und unter Rühren einen dicken Grießbrei kochen.
4. Mit dem Handrührgerät den Grießbrei mit der Tofucreme mischen.
5. Die Eier trennen. Mit dem Handrührgerät Eigelb, Zucker und Zitronenschale zu einer hellgelben, schaumigen Masse rühren. Das Eiweiß zu festem Schnee schlagen.
6. Den Eigelbschaum unter die Grießmasse rühren, Kirschen untermischen, dann erst den Eischnee unterheben.
7. Den Teig in die vorbereiteten Förmchen füllen. Die Muffins im vorgeheizten Ofen ca. 25 min lang backen.
8. Damit sich die Muffins leicht vom Rand lösen, zuerst in den Förmchen etwas abkühlen lassen. Die Muffins aus den Förmchen heben, auf ein Kuchengitter zum Auskühlen geben.

Vegane Variante In Schritt 2 einfach 2 EL Stärke mit in die Tofucreme geben. Für Schritt 5 und 6 funktionieren 4–6 EL aufgeschlagenes Aquafaba (Kichererbsenwasser) statt Eischnee.

Käsekuchen mit Pfirsichspalten

Zutaten für 1 Kuchen
(28 cm Durchmesser):

Mürbeteig

250 g Weizenmehl
125 g eiskalte Butter oder Margarine, kleine Stücke
60 g Sojajoghurt, ungesüßt
40 ml Sojadrink, ungesüßt
½ TL Salz

Guss

2 Eier (vegane Variante siehe unten)
200 g Sojajoghurt, ungesüßt
100 g fermentierter Tofu (S. 65), fein geraspelt
100 g Sojasahne
1 ½ EL (gestrichen) Speisestärke
1 EL Puderzucker
4 Päckchen Naturvanillezucker
¼ TL Zimt, gemahlen
Schale von 1 Biozitrone, abgerieben
¼ TL Salz
Muskat

Belag

500 g Pfirsiche, kleine Spalten
2 EL Semmelbrösel

Für die Form

1 TL geschmolzene Butter oder Margarine

Zubereitung:

1. Auf einem Brett alle Zutaten mit einem großen Messer vermischen, dabei die Butter sehr klein hacken. Rasch einen glatten Teig kneten, diesen in Frischhaltefolie wickeln und für mindestens 30 min kalt stellen.
2. Für den Guss: Eier trennen und im Cutter oder mit dem Mixstab aus Eigelb, Sojajoghurt, fermentiertem Tofu, Sojasahne, Speisestärke, Puderzucker, Naturvanillezucker, Zimt, Zitronenschale, Salz und einer guten Prise Muskat eine glatte Masse pürieren.
3. Das Eiweiß zu festem Schnee schlagen. Den Eischnee unter die Masse heben.
4. Den Backofen auf 180 °C Ober-/Unterhitze (160 °C Umluft) vorheizen. Eine Springform mit Butter ausstreichen.
5. Den Teig dünn ausrollen und in die Form legen, dabei einen 3 cm hohen Rand stehen lassen. Den Kuchenboden mit 1 EL Semmelbröseln bestreuen.
6. Pfirsichspalten auf den Kuchenboden legen, mit 1 EL Semmelbröseln bestreuen und die Tofumasse darauf verteilen.
7. Den Kuchen im vorgeheizten Ofen 45–50 min lang backen und auf einem Kuchengitter auskühlen lassen.

Vegane Variante Teig mit Margarine zubereiten. Für den Guss die Eier durch 2 EL Mandelmehl ersetzen und alle Zutaten zu einer glatten Creme pürieren.

Die Apfeltarte meiner Tante Klara

Zutaten für 1 Kuchen
(28 cm Durchmesser):

½	Rezept mürber Hefeteig (siehe unten)
500 g	Äpfel, geschält, kleine Spalten
1 EL	brauner Zucker
150 g	Sojajoghurt, ungesüßt
2	Eier (vegane Variante siehe rechts)
2 Päckchen	Naturvanillezucker
Schale	von ½ Biozitrone, abgerieben
2 EL	Mandelblättchen
1 TL	Butter oder Margarine für die Form

Zubereitung:

1. Backofen auf 180 °C Ober-/Unterhitze (Umluft: 160 °C) vorheizen. Den Teig dünn ausrollen. Eine Tarteform dünn mit Butter bestreichen und mit dem Teig auslegen. Den Teigrand 3 cm hoch stehen lassen.
2. Den Kuchenboden eng mit Apfelspalten belegen und mit Zucker betreuen.
3. Guss: Sojajoghurt, Eier, Vanillezucker und Zitronenschale glatt rühren, über die Äpfel gießen. Den Kuchen mit Mandelblättchen bestreuen und im vorgeheizten Ofen 35–40 min lang backen, auf einem Kuchengitter auskühlen lassen

Vegane Variante Die Eier in Schritt 3 ersetzen durch 4 TL Pfeilwurzstärke, ½ TL Kurkuma und ½ TL Zimt.

Mürber Hefeteig

Für 2 Kuchenböden
(28 cm Durchmesser):

300 g	Weizenmehl
100 g	weiche Butter oder Margarine, Stücke
125 ml	Sojadrink, ungesüßt, lauwarm
1 Päckchen	Trockenhefe
1 TL	brauner Zucker
¼ TL	Salz

Zubereitung:

1. Zuerst in einer Schüssel Mehl, Butter oder Margarine, Sojadrink, Hefe, Zucker und Salz mit dem Rührlöffel vermischen, dann auf einer bemehlten Fläche einen geschmeidigen Teig kneten, von Hand oder mit dem Knethaken.
2. Den Teig zugedeckt 1 Stunde gehen lassen.

Hefeteig ist kein Sensibelchen! Im Gegenteil, er kann schon am Tag vorher zubereitet werden, bleibt über Nacht zugedeckt im Kühlschrank und geht am nächsten Tag brav wieder auf. Hefeteig eignet sich sogar zum Einfrieren, darum ist das Grundrezept gleich für zwei Kuchenböden!

Ein herzliches Dankeschön an

Viktor Hilgemann für die fabelhafte Zusammenarbeit, die kompetente Begleitung während der gesamten Buch- und Fotoproduktion und das umsichtige, genaue Lektorat mit kreativen Inputs. Das gemeinsame Werken an diesem Buch war für mich ein persönlicher Gewinn.

An die gesamte Redaktion mit Alicja Juraszek (Red. Leitung), Lisa Schulze, Sylvia Jahns, Helgard Haß, Franziska Knecht, Heike Elsen. Das engagierte Team hat sämtliche Rezepte dieses Buchs nochmal gekocht, geprüft, verkostet, durch die extra angeführten veganen Varianten ergänzt und mir wertvolles und inspirierendes Feedback für weitere Rezeptentwicklungen gegeben – die ideale Arbeitssituation für eine Kochbuchautorin.

Fotos, Foodstyling und Grafik: Melanie Hoffart, Annette Frenzel und Stefan Schubert haben die Speisen ins rechte Licht gerückt und einhundert lebensechte Fotos geschossen. Diese Bilder laden zum Nachkochen ein und machen Appetit darauf, Neues auszuprobieren. Die übersichtliche grafische Gestaltung durch Thomas Betker macht das Lesen zum Vergnügen und die praktische Umsetzung der Rezepte leicht.

Rezeptverzeichnis

Die einzelnen Soja-Produkte werden in folgenden Rezepten verwendet. Auf der fett markierten Seite findest du eine Anleitung, zur Herstellung dieser Zutat.

Stichwortverzeichnis

Fünf Hausmittel ersetzen eine Drogerie
ISBN: 978-3-946658-00-9

Eingemacht & zugedreht
ISBN: 978-3-946658-74-0

Das Natron-Handbuch
ISBN: 978-3-946658-16-0

Neue Dinge aus alten Stoffen
ISBN: 978-3-946658-83-2

Selber machen statt kaufen – Küche
ISBN: 978-3-946658-03-0

Selber machen statt kaufen – Haut und Haar
ISBN: 978-3-946658-09-2

Selber machen statt kaufen – Garten und Balkon
ISBN: 978-3-946658-30-6

Selber machen statt kaufen – Geschenke
ISBN 978-3-946658-52-8

Geh raus! Deine Stadt ist essbar
ISBN: 978-3-946658-06-1

Geliebtes Unkraut
ISBN: 978-3-910801-10-3

Permakultur im Bio-Garten
ISBN: 978-3-946658-70-2

Die Apotheke vor deiner Haustür
ISBN: 978-3-910801-11-0

Zufällig vegan
Softcover ISBN: 978-3-946658-36-8
Hardcover ISBN: 978-3-946658-37-5

Selber machen statt kaufen – Vegane Küche
ISBN: 978-3-946658-60-3

Zufällig vegan – International
ISBN: 978-3-946658-46-7

Regional, saisonal und selbst gemacht: Mehr regionale pflanzliche Lebensmittel in den Speiseplan zu integrieren, bringt enorme Vorteile mit sich, sowohl für die Umwelt als auch für die Gesundheit und die Qualität der eigenen Nahrung.
Die Bücher „Zufällig vegan" und „Zufällig vegan – International" zeigen, dass Gemüseküche mit überwiegend regionalen Zutaten gar nicht langweilig ist, sondern sogar richtig Spaß macht und dabei auch noch gut schmeckt!
Im Buch „Selber machen statt kaufen – Vegane Küche" zeigen wir, wie man fast alle veganen Fertigprodukte aus gesunden Zutaten selber machen kann: vegane Alternativen zu Käse, Mayo, Burgerpatties und Vielem mehr.